AF202444

Kurt Tucholsky hat über Hermann Hesses Naturdarstellungen geschrieben: »Er kann, was nur wenige können. Er kann einen Sommerabend und ein erfrischendes Schwimmbad […] nicht nur schildern – das wäre nicht schwer. Aber er kann machen, daß es uns heiß und kühl und müde ums Herz wird.«

Hermann Hesses Beziehung zur Natur und zum Lauf der Jahreszeiten ist von jeher ein inniges. In vielen Gedichten und Betrachtungen, aber auch in seinen Romanen hat er sie beschrieben und ihren Zauber zu fassen versucht.

Der »schöne, aber auch traurige« Herbst inspirierte Hermann Hesse zu einer Vielzahl an Gedichten und Betrachtungen, die vom herrlichen Farbenspiel der Natur, donnernden Herbststürmen und dem wehmütigen Erinnern an das Vergangene erzählen.

> »Seltsam, im Nebel zu wandern!
> Einsam ist jeder Busch und Stein,
> Kein Baum sieht den andern,
> Jeder ist allein.«

Hermann Hesse, geboren am 2. Juli 1877 in Calw/Württemberg, wurde 1946 mit dem Nobelpreis für Literatur ausgezeichnet. Er starb am 9. August 1962 in seiner Wahlheimat Montagnola bei Lugano. Sein Werk erscheint im Suhrkamp und Insel Verlag.

insel taschenbuch 4174
Hermann Hesse
Herbst

HERMANN HESSE
/ HERBST /

Ausgewählt von Ulrike Anders

INSEL VERLAG

Klimaneutral
Druckprodukt
ClimatePartner.com/14438-2110-1001

5. Auflage 2023

Erste Auflage 2012
insel taschenbuch 4174
© Insel Verlag Berlin 2010

Hinweise zu dieser Ausgabe am Schluß des Bandes
Vertrieb durch den Suhrkamp Taschenbuch Verlag
Druck: CPI books GmbH, Leck
Printed in Germany
ISBN 978-3-458-35874-9

www.insel-verlag.de

/ HERBST /

Schon riecht es scharf nach angewelkten Blättern,
Kornfelder stehen leer und ohne Blick;
Wir wissen: eines von den nächsten Wettern
Bricht unserm müden Sommer das Genick.

Die Ginsterschoten knistern. Plötzlich wird
Uns all das fern und sagenhaft erscheinen,
Was heut wir in der Hand zu halten meinen,
Und jede Blume wunderbar verirrt.

Bang wächst ein Wunsch in der erschreckten Seele:
Daß sie nicht allzu sehr am Dasein klebe,
Daß sie das Welken wie ein Baum erlebe,
Daß Fest und Farbe ihrem Herbst nicht fehle.

/ / Trotz der drückenden Wärme dieser Tage bin ich viel
draußen. Ich weiß allzu gut, wie flüchtig diese Schönheit
ist, wie schnell sie Abschied nimmt, wie plötzlich ihre süße
Reife sich zu Tod und Welke wandeln kann. Und ich bin
so geizig, so habgierig dieser Spätsommerschönheit gegenüber! Ich möchte nicht nur alles sehen, alles fühlen, alles
riechen und schmecken, was diese Sommerfülle meinen

Sinnen zu schmecken anbietet; ich möchte es, rastlos und von plötzlicher Besitzlust ergriffen, auch aufbewahren und mit in den Winter, in die kommenden Tage und Jahre, in das Alter nehmen. Ich bin sonst nicht eben eifrig im Besitzen, ich trenne mich leicht und gebe leicht weg, aber jetzt plagt mich ein Eifer des Festhaltenwollens, über den ich zuweilen selber lächeln muß. Im Garten, auf der Terrasse, auf dem Türmchen unter der Wetterfahne setze ich mich Tag für Tag stundenlang fest, plötzlich unheimlich fleißig geworden, und mit Bleistift und Feder, mit Pinsel und Farben versuche ich dies und jenes von dem blühenden und schwindenden Reichtum beiseite zu bringen. Ich zeichne mühsam die morgendlichen Schatten auf der Gartentreppe nach und die Windungen der dicken Glyzinenschlangen und versuche die fernen gläsernen Farben der Abendberge nachzuahmen, die so dünn wie ein Hauch und doch so strahlend wie Juwelen sind. Müde komme ich dann nach Hause, sehr müde, und wenn ich am Abend meine Blätter in die Mappe lege, macht es mich beinah traurig, zu sehen, wie wenig von allem ich mir notieren und aufbewahren konnte.

Dann esse ich mein Abendmahl, Obst und Brot, und sitze dabei in dem etwas düstern Zimmer schon ganz im Dunkeln, bald werde ich schon vor sieben Uhr das Licht anzünden müssen, und bald noch früher, und bald wird man

sich an Dunkelheit und Nebel, an Kälte und Winter gewöhnt haben und kaum mehr wissen, wie die Welt einmal
einen Augenblick lang so durchleuchtet und vollkommen
war. Eine Viertelstunde lese ich dann, um auf andere Gedanken zu kommen, doch kann ich zu dieser Zeit nur
auserlesen Gutes lesen […].

Wie es im Zimmer dunkel wird, draußen aber noch der
Tag ausatmend nachleuchtet, stehe ich auf und gehe auf
die Terrasse hinaus, dort blickt man über ziegelgedeckte
und efeubewachsene Brüstungsmauern gegen Castagnola,
Gandria und San Mamete hinüber und sieht hinter dem
Salvatore den Monte Generoso rosig verglühen. Zehn Minuten, eine Viertelstunde dauert dies Abendglück.

Ich sitze im Lehnstuhl, mit müden Gliedern, mit müden
Augen, aber nicht satt oder verdrossen, sondern voll Emp-
fänglichkeit, und ruhe und denke an gar nichts, und auf
der noch sonnenwarmen Terrasse stehen meine paar Blumen im letzten Abendlicht, mit schwach leuchtendem
Laub, langsam einschlummernd, langsam vom Tage Abschied nehmend. Fremd steht und etwas verlegen in ihrer
exotischen Starre die große Opuntie mit den goldenen
Stacheln, sie bleibt ganz allein für sich; meine Freundin
hat mir diesen Märchenbaum geschenkt, er hat einen Eh-
renplatz auf meiner Dachterrasse. Neben ihr lächeln die
Korallenfuchsien und dunkeln die violetten Kelche der

Petunien, aber Nelke und Wicke, Türkenbund und Stern-
blume sind längst verblüht. Zusammengedrängt in ihren
paar Töpfen und Kistchen stehen die Blumen, und mit
dem Dunkelwerden ihres Laubes beginnen ihre Blüten-
farben heftiger zu glühen, ein paar Minuten lang leuchten
sie so tiefbrennend wie Glasfenster in einem Dom. Und
dann erlöschen sie langsam, langsam und sterben den täg-
lichen kleinen Tod, um sich auf den großen einmaligen
vorzubereiten. Unmerklich entschwindet ihnen das Licht,
unmerklich wird ihr Grün ins Schwarze verwandelt und
ihre frohen Rot und Gelb sterben in gebrochenen Tönen
zur Nacht hinüber. Manchmal kommt noch spät ein Fal-
ter zu ihnen geflogen, ein Schwärmer mit träumerisch
schwirrendem Flug, bald aber ist der kleine Abendzauber
vergangen; dunkel steht und plötzlich schwer geworden
die Reihe der Berge drüben; aus dem hellgrünen Himmel,
an dem man noch keinen Stern sehen kann, zucken in
hastigem Flug die Fledermäuse und verschwinden blitz-
schnell. Tief unter mir im Tal geht ein Mann in weißen
Hemdärmeln durchs Gras der Wiese und mäht, aus einem
der Landhäuser am Dorfrand weht halbverwischt und
einschläfernd ein wenig Klavierspiel herüber.
Da ich ins Zimmer zurückkehre und Licht anzünde, flü-
gelt ein großer Schatten durchs Zimmer, und leise rau-
schend schwebt ein großer Nachtfalter gegen den grünen

Glaskelch über dem Licht. Er setzt sich, hell bestrahlt, auf dem grünen Glase nieder, schlägt die langen schmalen Flügel zusammen, zittert mit dünn befiederten Fühlern, und seine schwarzen kleinen Augen glänzen wie feuchte Pechtropfen. Über seine geschlossenen Flügel läuft eine vielfach geäderte zarte Zeichnung wie Marmor, da spielen alle matten, gebrochenen, gedämpften Farben, alle Braun und Grau, alle Farbtöne welkender Blätter durcheinander und klingen sammetweich. Wenn ich ein Japaner wäre, so hätte ich von den Vorfahren her eine ganze Anzahl von genauen Bezeichnungen für diese Farben und ihre Mischungen geerbt und vermöchte sie zu benennen. Aber auch damit wäre nicht viel getan, so wie mit dem Zeichnen und Malen, dem Nachdenken und Schreiben nicht viel getan ist. In den braunroten, violetten und grauen Farbflächen der Falterflügel ist das ganze Geheimnis der Schöpfung ausgesprochen, all ihr Zauber, all ihr Fluch, mit tausend Gesichtern blickt das Geheimnis uns an, blickt auf und erlischt wieder, und nichts davon können wir festhalten.

(Aus: »Zwischen Sommer und Herbst«, 1930)

(1927)

Der Garten trauert,
Kühl sinkt in die Blumen der Regen.
Der Sommer schauert
Still seinem Ende entgegen.

Golden tropft Blatt um Blatt
Nieder vom hohen Akazienbaum.
Sommer lächelt erstaunt und matt
In den sterbenden Gartentraum.

Lange noch bei den Rosen
Bleibt er stehen, sehnt sich nach Ruh.
Langsam tut er die großen,
Müdgewordenen Augen zu.

/ ELEGIE IM SEPTEMBER /

Feierlich leiert sein Lied
          in den düstern Bäumen der Regen,
Über dem Waldgebirg weht schon
                 erschauerndes Braun.

Freunde, der Herbst ist nah, schon äugt er
>> lauernd am Wald hin;
Leer auch starret das Feld, nur von den Vögeln
>> besucht.
Aber am südlichen Hang reift blau am Stabe
>> die Traube,
Glut und heimlichen Trost birgt ihr gesegneter
>> Schoß.
Bald wird alles, was heut noch in Saft und
>> rauschendem Grün steht,
Bleich und frierend vergehn, sterben in Nebel
>> und Schnee;
Nur der wärmende Wein und bei Tafel
>> der lachende Apfel
Wird noch vom Sommer und Glanz sonniger
>> Tage erglühn.
So auch altert der Sinn uns und kostet
>> im zögernden Winter,
Dankbar der wärmenden Glut, gern der
>> Erinnerung Wein,
Und von zerronnener Tage verflatterten Festen
>> und Freuden
Geistern in schweigendem Tanz selige Schatten
>> durchs Herz.

// In diesen Tagen zwischen Sommer und Herbst, die ich
von Kind an besonders geliebt habe, kommt mir alle Emp-
fänglichkeit für die zarten Stimmen der Natur wieder,
alle Neugierde auf die flüchtigen Farbenspiele, alles jäger-
hafte Belauschen und Belauern der winzigen Vorgänge:
wie ein vorzeitig welkendes Rebenblatt sich in der Sonne
dreht und einrollt, wie eine kleine goldgelbe Spinne sich
an ihrem Faden schwebend vom Baume sinken läßt, sanft
wie Flaum, wie eine Eidechse auf besonntem Stein rastet
und sich ganz flach macht, um die Strahlung vollkommen
auszukosten, oder wie am Zweige eine blaßrote Rose sich
auflöst, und nach dem lautlosen Dahinsinken ihrer Last
der erleichterte Zweig ein klein wenig emporschnellt. Dies
alles spricht dann wieder zu mir mit der Schärfe und Wich-
tigkeit, die es einst für meine Knabensinne hatte, und
tausend Bilder aus vielen lang vergangenen Sommern werden in mir wieder lebendig, erscheinen hell oder behaucht
auf der launisch spiegelnden Tafel der Erinnerung: Kna-
benstunden mit Schmetterlingsnetz und Botanisierbüchse,
Spaziergänge mit den Eltern und die Kornblumen auf
dem Strohhut meiner Schwester, Wandertage mit Blicken
von schwindelnden Brücken in brausende Gebirgsflüsse
hinab, unerreichbar auf bespritzten Felsklippen schaukeln-
de Steinnelken, bleichrosa blühender Oleander am Gemäu-
er italienischer Landhäuser, bläulicher Höhenrauch über

heidebewachsenen Hochflächen im Schwarzwald, Gartenmauern am Bodensee, überm sanft klatschenden Wasser hängend, in der gebrochenen Spiegelfläche ihre Astern, Hortensien und Geranien beschauend. Es sind mannigfache Bilder, aber allen ist gemeinsam die gedämpfte Glut, der Duft von Reife, etwas Mittägliches und Wartendes, etwas vom zärtlichen Flaum des Pfirsichs, etwas von der halbbewußten Schwermut schöner Frauen auf der Höhe ihrer Reife.

Wenn man jetzt durchs Dorf und die Landschaft geht, findet man in den Bauerngärten zwischen den glühenden Kapuzinern die blauen und rotvioletten Astern blühen, und unter den Korallenfuchsien liegt die Erde voll von süßroten gefallenen Blüten. Man findet in den Rebgängen auf manchen Blättern schon den ersten Klang der Herbstfarben, jenes metallische, braunbronzene matte Schimmern, und an den noch halbgrünen Trauben sind erste blaue Beeren zu sehen, manche sind schon dunkelblau und schmecken süß, wenn man sie probiert. In den Wäldern klingt aus dem edlen Blaugrün der Akazien da und dort wie ein Hornsignal hell und rein das goldgelbe Getüpfel eines abgewelkten Zweiges, und von den Kastanienbäumen fällt da und dort verfrüht eine grüne stachlige Frucht. Die zähe, grüne Stachelschale ist schwer zu öffnen, die Stacheln scheinen so geschmeidig und dringen doch

im Augenblick durch die Haut, heftig wehrt sich die kleine
derbe Frucht ihres bedrohten Lebens. Und hat man sie her-
ausgeschält, so hat sie die Konsistenz halbreifer Haselnüsse,
schmeckt aber bitterer.

(Aus: »Zwischen Sommer und Herbst«, 1930)

/ HERBSTBEGINN /

Der Herbst streut weiße Nebel aus,
Es kann nicht immer Sommer sein!
Der Abend lockt mit Lampenschein
Mich aus der Kühle früh ins Haus.

Bald stehen Baum und Garten leer,
Dann glüht nur noch der wilde Wein
Ums Haus, und bald verglüht auch der,
Es kann nicht immer Sommer sein.

Was mich zur Jugendzeit erfreut,
Es hat den alten frohen Schein
Nicht mehr und freut mich nimmer heut –
Es kann nicht immer Sommer sein.

O Liebe, wundersame Glut,
Die durch der Jahre Lust und Mühn
Mir immer hat gebrannt im Blut –
O Liebe, kannst auch du verglühn?

// HERBSTBEGINN

Während vor den Fenstern eine kühle, schwarze Regen-
nacht liegt und mit stetig leisem Rhythmus auf den Dä-
chern tönt, tröste ich mein unzufriedenes Herz mit farbig
lockenden Herbstgedanken, mit Gedanken an reine, licht-
blaue, goldklare Himmel, silberne Frühnebel, an blaue
Pflaumen und Trauben, rote Äpfel und goldgelbe Kürbisse,
an herbstfarbige Wälder, an Kirchweih und Winzerfeste.
Ich hole mir den Mörike her und lese seinen mild leuch-
tenden »Septembermorgen«:

> »Im Nebel ruhet noch die Welt,
> Noch träumen Wald und Wiesen:
> Bald siehst du, wenn der Schleier fällt,
> Den blauen Himmel unverstellt,
> Herbstkräftig die gedämpfte Welt
> In warmem Golde fließen.«

Leise lese ich die Verse des Meisters vor mich hin und lasse sie in mich dringen wie einen langsam geschlürften, klaren, alten Wein. Sie sind schön, und sie tun mir wohl, und der Herbst, den sie malen, ist etwas Schönes, Zartes, Gesättigtes – aber ich freue mich nicht auf ihn. Er ist die einzige Jahreszeit, auf die ich mich niemals freue.

Und schon ist er da. Es ist nicht mehr Sommer. Die Felder sind leer, auf den Matten liegt ein leichter, kühler, metallener Duft, die Nächte sind schon kühl und die Morgen neblig, und gestern war es, daß ich auf einem schönen, fröhlichen Bergausfluge an den steilen Wiesenhängen die ersten blassen Herbstzeitlosen fand. Seit ich sie sah, ist mein Sommerübermut gebrochen; das, was für mich das Schönste im Laufe eines Jahres ist, ist wieder einmal vorüber. [...] Vorüber, vorüber! Ein paar kühle Nächte, ein paar Regentage, ein paar dichte Morgennebel, und plötzlich hat das Land Herbstfarben bekommen. Die Luft ist spröder und durchsichtiger, das Blau des Himmels lichter geworden. Vogelschwärme rauschen über die kahlen Felder und rüsten zur Wanderung. Morgens liegt das erste reife Obst im nassen Gras, und die Zweige sind von den feinen, blitzenden Gespinsten der kleinen Spätjahrspinnen bedeckt. Bald wird das Schwimmen im See und das Liegen im Gras ein Ende haben, und die Abende im Boot, die Mahlzeiten im Garten, die Waldmorgen und die

Seenächte! Und draußen rinnt der zähe Regen, kühl und
unerbittlich, die ganze unfreundliche Nacht. Jedes Jahr
dasselbe Lied vom Herbst, vom Altwerdenmüssen, vom
Sterbenmüssen! Mißmutig und mit einem Fluch auf den
Lippen schließe ich das Fenster, stecke eine Zigarre an
und gehe fröstelnd im Zimmer auf und ab.
Wie jedes Jahr um diese Zeit steigen wieder verlockende
Reisepläne vor mir auf. Warum nicht dem Herbst entrinnen und den Winter kürzen, da es doch wärmere Länder,
Eisenbahnen und Schiffe gibt? Nachdenklich hole ich
den Globus und dann eine Karte von Italien her, suche
den Gardasee, die Riviera, Neapel, Korsika und Sizilien.
Da ließe sich die Zeit bis Weihnachten verbringen! Son-
nige Felsenstrandwege am blauen Meer, laue Stunden auf
süditalienischen Küstendampfern und in Fischerbarken,
ernste Palmenwipfel, in der tiefen Mittagsbläue ruhend.
Es wäre nicht übel, immer vor dem Herbst her einige Mei-
len südwärts zu fahren und dann mitten im Winter son-
nenverbrannt in die heimische Ofenbehaglichkeit zurück-
zukehren. Die Landkarte da unten wimmelt von schön-
klingenden Namen schöngelegener Städte und Dörfer,
die ich noch nicht kenne und die mir Tage des Wohlseins
und Schwelgens versprechen, und die ganze Reise ist, sobald ich sie auf dem Globus ausmesse, erstaunlich klein
und bescheiden. Vielleicht könnte ich, der Wärme nach-

gehend, noch einen Aufenthalt in Afrika machen, in Constantine oder in Biskra Kameltouren unternehmen, Negermusik anhören und türkischen Kaffee trinken und den Faltenwurf an den Gewändern der Beduinen und Araberfrauen betrachten?

Wie schön solche Pläne einen leeren Abend füllen! Eine Landkarte, ein paar alte Kursbücher und ein Bleistift – wie man sich damit die Zeit vertreiben, einen Ärger vergessen und sich die Phantasie mit lauter reizenden Vorstellungen füllen kann!

Wie jedes Jahr um diese Zeit suche ich die Karte nach warmen, herrlichen Gegenden ab, studiere die Schiffslinien und die Fahrpreise. Und wie jedesmal bleibe ich hier und reise nicht. Was mich zurückhält, ist ein sonderbares Schamgefühl. Es will mir unrecht scheinen, den rauhen Tagen zu entfliehen, nachdem ich die schönen genossen habe. Vielleicht ist es auch nur ein gesetzmäßiges Bedürfnis der Natur, daß sie nach Monaten der Wärme, der Farben, nach dem Überfluß an Behagen, Schönheit und starken Eindrücken müde wird und nach Kühle, Rast und Beschränkung verlangt. Es ist nun einmal nicht das ganze Jahr Sommer, so soll man auch nicht ohne Not ihn künstlich verlängern wollen.

Ein paar unentschiedene und unzufriedene Tage, dann haben diese Erwägungen Macht gewonnen, und der Herbst

beginnt mir lieb zu werden. Wie konnte ich ans Fortreisen
denken, da ich doch von so vielen Dingen, die mir lieb
sind und denen ich Dank schulde, Abschied nehmen muß.
Die letzten Gartenfreuden, die letzten Wiesenblumen, die
Schwalben unter meinem Dach, die letzten satt und taumelnd übers Land wehenden Schmetterlinge. Man achtet
schon wieder jeden einzelnen und fürchtet bei jedem, er
möchte der letzte seiner Gattung sein. Auch unsere alt-
modischen kleinen Dampfschiffe, meine einzige Verbin-
dung mit der Welt, werden in Bälde rar werden. Vom
Oktober an kommt nur noch eins am Tag, und im tieferen
Winter bleibt auch das zuweilen aus. Sie alle, Schwalbe
und Feldblume, Schmetterling und Dampfschiff, sind
mir lieb und haben mir diesen Sommer hindurch viele
Freuden gebracht; ich möchte sie alle noch ein wenig halten und noch einmal recht zu eigen haben, ehe sie dahin-
gehen. Was für ein Narr bin ich gewesen, wie viele Som-
merstunden bin ich trotz alledem im Hause und am
Büchertisch gesessen, wie viele Abende und Morgenfrühen
habe ich versäumt! Ade auch, ihr ungenossenen Tage, die
ihr nun schöner und köstlicher scheint als alle anderen!
Über dem Abschiednehmen kommt dann auch das Neue
zu Ehren, das der unwillkommene Herbst gebracht hat:
silberne Nebelschleier, braune und lachend rote Farben
im Laub, reifende Trauben, volle Obstkörbe, beginnende

Abendunterhaltungen im Hause bei Lampenlicht, ferner wundersame, aufregend herrliche Sturmtage, an denen See und Lüfte tönen und die ganze stumme Schöpfung Stimme erhält. Jetzt kommt auch als täglicher, andächtiger Genuß an jedem Vormittag der spielende Kampf der Sonne mit dem Nebel, das trüb ringende Hin und Her und der feierliche, königliche Sieg des Lichtes. Und wenn der Oktober und die Weinlese kommen, wollen wir uns einen Tag und einen Taler nicht reuen lassen und bei einem großen Kruge vom Neuen dankbar der vielen unverdienten Freuden und ungesucht gefundenen Genüsse gedenken, die das alternde Jahr uns gebracht hat.

(1905)

/ SEPTEMBER /
(1907)

Herbst will es werden allerwärts.
Ob Astern auch und Georginen
Im Garten glühn mit Freudemienen,
Sie tragen doch geheimen Schmerz.

Die Abendberge träumen nun
So gold und rot am blauen Bande,
Als wär es rings im weiten Lande
Um lauter Glanz und Lust zu tun.

Auch meine Träume schmücken sich
Und summen liebe Jugendweisen
Und tun bekränzte Heimatreisen
Und blicken still und feierlich.

Und dennoch weiß mein tiefster Sinn:
Von meines Lebens Sonnenzeiten
Ist wieder eine im Entgleiten
Und heute, morgen schon dahin.

/ MITTAG IM SEPTEMBER /

Es hält der blaue Tag
Für eine Stunde auf der Höhe Rast.
Sein Licht hält jedes Ding umfaßt,
Wie man's in Träumen sehen mag:
Daß schattenlos die Welt,
In Blau und Gold gewiegt,
In lauter Duft und reifem Frieden liegt.

– Wenn auf dies Bild ein Schatten fällt! –

Kaum hast du es gedacht,
So ist die goldene Stunde
Aus ihrem leichten Traum erwacht,
Und bleicher wird, indes sie stiller lacht,
Und kühler wird die Sonne in der Runde.

/ / So ein Herbstmorgen ist doch wie ein Kleinod, so licht und durchsichtig zartblau! In Tübingen bin ich, sooft ich konnte, um diese Zeit ausgeritten. Das geht hier nicht, aber schön ist es nicht weniger. Der Tannenwald ist duftig blauschwarz und von einem Kranz von Gebüschen eingefaßt, die in allen Herbstfarben leuchten. Dazu höre ich das Flußwehr in der Nähe rauschen. Diese stille, klare Morgenstunde, die ich für mich ganz allein habe, genieße ich jeden Tag wie ein liebes Geschenk. Wenn Du da wärest, würden wir jetzt miteinander durch den Garten bergauf an den Waldrand gehen, wo man das ganze Tal übersieht. Überhaupt – wenn Du da wärest!

(Aus: »Ein Briefwechsel«, 1907)

// Die Nebelmorgen haben nun wieder begonnen, schon
mit Anfang September. In den ersten Tagen waren sie beengend, düster und traurig machend, solange man noch
das leuchtende Blau und Rotbraun der Hochsommermor-
gen frisch im Gedächtnis hatte. Sie schienen kalt, stumpf,
freudlos, vorzeitig herbstlich, und erweckten jene ersten,
halb unbehaglichen, halb sehnsüchtigen Gedanken an Stu-
benwärme, Lampenlicht, dämmerige Ofenbank, Bratäpfel
und Spinnrad, die jedes Jahr allzu früh kommen und die
ersten Herbstschauer sind, ehe die fröhlichen und farbigen Wochen der Obst- und Weinlese sie wieder vertreiben
und in ein nachdenkliches, erwärmendes Ernte- und Ru-
hegefühl verwandeln.

Nun ist man schon wieder an die Seenebel gewöhnt und
nimmt es für selbstverständlich hin, daß man vor Mittag
die Sonne nicht zu sehen bekommt. Und wer Augen dafür hat, genießt diese grauen Vormittage dankbar und aufmerksam mit ihrem feinen, verschleierten Lichterspiel, mit
ihren an Metall und Glas erinnernden Seefarben und ihren
unberechenbaren perspektivischen Täuschungen, die oft
wie Wunder und Märchen und fabelhafte Träume wirken.
Der See hat kein jenseitiges Ufer mehr, er verschwimmt
in meerweite, unwirkliche Silberfernen. Und auch dies-
seitig sieht man Umrisse und Farben nur auf ganz kleine
Entfernungen; weiter hinaus ist alles in Wolke, Schleier,

Duft und feuchtes Licht grau aufgelöst. Die ernsten, einzel-
stehenden, überaus charaktervollen Pappelwipfel schwimmen matt als fahle Schatteninseln in der nebeligen Luft,
Boote gleiten in unwahrscheinlichen Höhen geisterhaft
über den dampfenden Wassern hin, und aus unsichtbaren
Dörfern und Gehöften dringen gedämpfte Laute – Glok-
kengeläute, Hahnenrufe, Hundegebell – durch die feuchte Kühle, wie aus unerreichbar fernen Gegenden herüber.

(Aus: »Septembermorgen am Bodensee«, 1904)

/ BUNTES LAUB /

Noch blitzt es golden überm Baum,
Noch grün die Wiese steht,
Noch ist des Sommers Blütentraum
Nicht ganz verweht.

Im buntgefärbten Herbstlaub regt
Sich's fast noch wie im Mai –
Und morgen drüber der Schneewind fegt:
Vorbei, vorbei!

leuchteten die Weinberge goldgelb, die Wälder spielten in
den zarten, bräunlich metallischen Farben der Laubwelke,
in den Bauerngärten blühten Astern von allen Arten und
Farben, weiße und violette, einfache und gefüllte. Es war
eine Lust, durch die Dörfer zu schlendern. Ich tat es, Arm
in Arm mit meinem damaligen Schatz, ein paar unvergeß-
liche, selige Tage lang.

Überall roch es nach reifen Trauben und jungem Wein.
Jedermann war draußen beim Lesen oder Keltern; in den
steilen Weinbergen sah man Weiber und Mädchen in farbigen Röcken und weißen oder roten Kopftüchern arbeiten. Alte Leute saßen vor den Häusern, sonnten sich, rie-
ben die braunen, runzligen Hände ineinander und lobten
den schönen Herbst.

Freilich, in alten Zeiten hatte es noch ganz andere Herbste gegeben! Man mußte nur die Siebzigjährigen hören. Sie
sprachen von fabelhaften Jahrgängen, in denen der Wein
so reichlich und so honigsüß gewesen sei, wie es heutzu-
tage gar nimmer vorkomme. Man muß sie reden lassen,
die Alten, und in aller Stille die Hälfte abziehen. Wenn
wir einmal siebzig oder achtzig sind, werden wir von
manchem Jahr gerade so reden. Wir werden es im unsäg-
lich köstlichen Gold der unerreichbaren Ferne sehen und

werden unsere Dankbarkeit und unser Altersleid und unser ganzes Jugendheimweh in unsere sehnlichen Erinnerungen mischen.

(Aus: »Der Flieger«, 1905)

/ BLICK NACH ITALIEN /

Über dem See und hinter den rosigen Bergen
Liegt Italien, meiner Jugend gelobtes Land,
Meiner Träume vertraute Heimat.
Rote Bäume sprechen vom Herbst.
Und im beginnenden Herbst
Meines Lebens sitz ich allein,
Schaue der Welt ins schöne grausame Auge,
Wähle Farben der Liebe und male sie,
Die so oft mich betrog,
Die ich immer und immer noch liebe.
Liebe und Einsamkeit,
Liebe und unerfüllbare Sehnsucht
Sind die Mütter der Kunst;
Noch im Herbst meines Lebens
Führen sie mich an der Hand,
Und ihr sehnliches Lied
Zaubert Glanz über See und Gebirg
Und die abschiednehmende, schöne Welt.

// Der Herbst ist überall schön, und er ist überall auch traurig und beklemmend, und wenn die Nebel beginnen, oder eine Reihe später Gewitter den Sommer endgültig abgeschlossen hat, dann kommt für uns ältere und nicht mehr so ganz rüstige Leute der Augenblick, wo die kalten Füße, das Ziehen in den Gliedern und die Bangigkeit vor den kommenden kalten und finstern Monaten uns zu schaffen machen.

Zwischen Sommer und Winter, im September und Oktober, entschließe ich mich darum leichter als zu andern Jahreszeiten zu einer Badekur. Ich suche mir dann einen ruhigen und freundlichen Ort, wo es warme Schwefelquellen, eine freundliche Landschaft, einen guten Arzt und gute, alte, wohlige Bade-Hotels gibt. Und dieser Ort ist für mich Baden an der Limmat. Dort, in dem stillen alten Bäderquartier an der Limmat, sind Leute von meiner Art im Herbst gut aufgehoben.

(Antwort auf die Umfrage »Welches ist Ihr liebster Herbstferienort?«, Neue Zürcher Zeitung, undatiert)

Gottes Atem hin und wider,
Himmel oben, Himmel unten,
Licht singt tausendfache Lieder,
Gott wird Welt im farbig Bunten.

Weiß zu Schwarz und Warm zum Kühlen
Fühlt sich immer neu gezogen,
Ewig aus chaotischem Wühlen
Klärt sich neu der Regenbogen.

So durch unsre Seele wandelt
Tausendfalt in Qual und Wonne
Gottes Licht, erschafft und handelt,
Und wir preisen Ihn als Sonne.

/ / Der Spiegel des Flusses flimmerte blau, gold und weiß,
durch die fast ganz entblätterten Ahorne und Akazien
der Straßenalleen wärmte eine milde Oktobersonne herab,
der hohe Himmel war wolkenlos hellblau. Es war einer
von den stillen, reinen und freundlichen Herbsttagen, an
denen alles Schöne des vergangenen Sommers wie eine
leidlose, lächelnde Erinnerung die milde Luft erfüllt, an

denen die Kinder die Jahreszeit vergessen und meinen,
sie müssen Blumen suchen, und an denen die alten Leute
mit sinnenden Augen vom Fenster oder von der Bank
vorm Hause in die Lüfte schauen, weil es ihnen scheint,
die freundlichen Erinnerungen nicht nur des Jahres, sondern ihres ganzen abgelaufenen Lebens flögen sichtbar
durch die klare Bläue. Die Jungen aber sind guter Dinge
und preisen den schönen Tag, je nach Gaben und Gemüts-
art, durch Trankopfer oder Schlachtopfer, durch Gesang
oder Tanz, durch Trinkgelage oder durch großartige Rauf-
händel, denn überall sind frische Obstkuchen gebacken
worden, liegt junger Apfelmost oder Wein gärend im Keller und feiert Geige oder Harmonika vor den Wirtshäusern
und auf den Lindenplätzen die letzten schönen Tage des
Jahres und ladet zu Tanz und Liedersingen und Liebes-
spielen ein.

(Aus: »Unterm Rad«, 1903)

// Für eine Stunde bin ich dem Haus entronnen, dem
kühlen schattigen Zimmer, wo am Boden mein großer
Reisekoffer liegt, schon dreiviertel vollgepackt mit Büchern,
Schreibzeug, Schuhen, Wäsche, Briefschaften; denn es ist
Herbst geworden, und ich trete wie jedes Jahr die Flucht
vor dem Winter an, nicht südwärts zur wärmeren Sonne,

sondern nordwärts zu den Häusern, wo man warme Öfen und warme Badezimmer findet, wo es zwar Nebel, Schnee und andere Übel gibt, aber auch befreundete Menschen, Aufführungen von Mozart und Schubert und dergleichen geliebte Dinge.

O wie schnell ist das wieder gegangen mit dem Herbstwerden! Dies Jahr war es ja ein Spätsommer ohnegleichen, er schien nie enden zu können, Tag um Tag wartete man, nach scheinbar sicheren Anzeichen, auf Regen, auf Wind, auf Nebel, aber Tag um Tag stieg klar, golden und warm aus dem Seetal herauf; nur ging die Sonne Tag für Tag eine Idee später auf und kam nicht mehr über denselben Bergen herangestiegen, wie die Sommersonne es tat, sondern ihr Aufgangspunkt war weit verschoben, gegen Como hin – aber all dies bemerkte man nur, wenn man nachrechnete und kontrollierte. Die Tage selbst waren einer wie der andere Sonnentage, die Morgen kräftig leuchtend, die Mittage heiß und brennend, die Abende farbig verglühend. Und nun ist, nach einem ganz kurzen Wetterwechsel, der bloß zwei Tage dauerte, doch auf einmal der Herbst hereingeschlichen, und nun kann es am Mittag noch so warm und am Abend noch so golden strahlend werden, es ist doch längst kein Sommer mehr, es ist Sterben und Abschied in der Luft.

Abschied nehmend – denn morgen will ich für Monate

fortreisen – schlenderte ich durch den Wald. Von weitem sieht dieser Wald noch ganz grün aus, in der Nähe aber sieht man, daß auch er alt geworden und nah am Sterben ist, das Laub der Kastanien knistert trocken und wird immer gelber, das feine spielende Laub der Akazien blickt zwar an manchen feuchten kühlen Waldstellen und Schluchten noch tief und bläulich, aber überall schon durchstreift und durchglänzt von welken Zweigen, an denen die grellgoldenen Blättchen einzeln schimmern und bei jedem Hauch herabzutropfen beginnen.

Hier beim Graben, wo das welke Laub sich schon häuft, obwohl die Wipfel alle noch voll scheinen, hier habe ich im vergangenen Frühling, in der Zeit vor Ostern, die ersten zweifarbigen Blüten des Lungenkrautes gefunden, und große Flächen voll von Waldanemonen; wie roch es damals feucht und krautig hier, wie gärte es im Holz, wie tropfte und keimte es in den Moosen! Und jetzt ist alles trocken, tot und starr, das welke holzige Gras und die welken dürren Brombeerranken, alles klirrt, wenn der Wind anhebt, dünn und spröde aneinander. Nur pfeifen überall in den Bäumen noch die Siebenschläfer; die werden im Winter schweigen.

(Aus: »Herbst – Natur und Literatur«, 1926)

Das milde Gold auf See und Ried!
Wer es in diesen linden Tagen
Mit klugen Augen dankbar sieht,
Darf es im Herzen mit sich tragen.

/ OKTOBER /

Die Lauten mögen mit Böllern schießen,
Für sie rinnt an der Kelter der Most;
Die Stillen aber dürfen getrost
Und ohne Lärm den Alten genießen.

/ NOVEMBER /

Schaue trauernd, wie im Wald
Blatt um Blatt zu Boden fallt,
Deine Frau hat dir befohlen
Einzukaufen Holz und Kohlen.

Wenn des Sommers Höhe überschritten,
Weiße Fäden in den Hecken wehen,
Schwer bestaubt am Weg die Margueriten
Mit gebräunten Sternen müde stehen,
Letzte Sensen in die Felder gehen,
Wird aus Müdigkeit und Todeswille
Über allem eine tiefe Stille,
Will Natur nach so gedrängtem Leben
Nichts mehr tun als ruhn und sich ergeben.

// SPAZIERGANG IM ZIMMER

Sonderbar und unheimlich, wie auch der schönste und glühendste Sommer vergeht, wie plötzlich der Augenblick da ist, wo man fröstelnd und noch etwas verwundert in seinem Zimmer sitzt, auf den Regen draußen horcht und von einem grauen, schwachen, kühlen, strahlenlosen Licht umgeben ist, das man allzu gut wiedererkennt. Eben noch, gestern abend noch, war eine andere Welt und Luft um uns her, schwang warmes rosiges Licht über sanfte Abend-wolkengefilde, sang tief und summend das Lied des Som-

mers über den Wiesen und Weinbergen – und plötzlich
erwachst du nach einer schwer durchschlafenen Nacht,
blinzelst verwundert in einen grauen matten Tag, hörst
kühl und stetig den Regen auf die Blätter vorm Fenster
schlagen, und weißt: jetzt ist es vorüber, jetzt ist es Herbst,
jetzt ist es bald Winter. Eine neue Zeit, ein anderes Leben
beginnt, ein Leben in den Stuben und bei Lampenlicht,
mit Büchern und zuweilen mit Musik, ein Leben, das auch
sein Schönes und Inniges hat, nur ist der Übergang dazu
schwer und lustlos, es beginnt mit Frieren, mit Trauer und
innerer Abwehr.

Mein Zimmer ist mit einem Male verwandelt. Einige Monate lang war es ein luftiges Obdach für die Stunden der
Ruhe und der Arbeit, ein Unterstand mit offenen Türen
und Fenstern, durch die der Wind und der Geruch der
Bäume und der Mondschein ging, ich war in diesem Zimmer nur zu Gast, nur zu dem bißchen Ruhen und Lesen,
das eigentliche Leben spielte sich nicht hier ab, sondern
draußen, im Walde, am See, auf den grünen Hügeln, mit
Malen, Spazieren, Wandern, in leichter, sorgloser Kleidung,
in dünner Leinenjacke mit offenem Hemd. Und jetzt ist
dies Zimmer plötzlich wieder wichtig, ist Heimat – oder
Gefängnis, ist unentrinnbarer Aufenthalt.

Wenn erst einmal der Übergang vollzogen und der Dauerbrenner angezündet ist, wenn man sich darein ergeben

und wieder daran gewöhnt hat, eingesperrt zu sein und ein Stubenleben zu führen, dann kann es ja wieder ganz hübsch werden. Für den Augenblick ist es nicht hübsch, ich schleiche von Fenster zu Fenster, sehe die Berge (über denen gestern noch die klare Mondnacht lag) in Wolken verhüllt, sehe und höre den kalten Regen ins Laub fallen, gehe hin und wieder, friere und empfinde dennoch die warmen festen Kleider, die ich angezogen habe, als lästig. Ach, wo sind die Zeiten, da man halbe Nächte in Hemdärmeln auf der Terrasse oder im Wald unter den hohen, sanft wehenden Bäumen saß!

Es ist nun Zeit, sich wieder an sein Zimmer zu gewöhnen, die Wolken und den Regen draußen als Nebensache und die Stube als Hauptsache zu betrachten. Ich werde sie morgen heizen, oder vielleicht noch heute, es bedarf nur dazu so vieler lästiger, langweiliger und ärgerlicher Verrichtungen. Den Dauerbrenner anzuzünden würde eine zu große Konzession an das Wetter, ein völliges Sichgehenlassen und allzu frühes Sicheinwintern bedeuten. Dazu ist es noch nicht Zeit. Ich will mir vorerst noch so behelfen, mit Auf- und Abgehen, Händereiben, ein paar kleinen Turnübungen. Und dann, fällt mir ein, besitze ich von früheren Wintern her noch einen kleinen Petroleumofen, so eine runde, rostige Blechkanne, die muß ich suchen und mobil machen. Es wird nicht angenehm sein, das Ding

wird verrußt und verharzt und mit eingetrocknetem Öl
verklebt sein, und bis man es wieder installiert und gefüllt
und einigermaßen zum Brennen gebracht hat, wird es Ärger und Gestank und dreckige Finger geben. Na, es wird
eben sein müssen, morgen, oder am Ende noch heute,
wenn die Kälte nicht nachläßt. Aber ehe ich an diese Pro-
zeduren gehe, friere ich doch lieber noch eine Weile, drük-
ke mich im Zimmer herum, schaue durch die Fenster,
rücke an den Büchern, blättere in meinen Aquarellmappen
vom Sommer. Und allmählich wird mir bewußt, daß ich
in diesen letzten Monaten meine alte Stube eigentlich sehr
wenig angeschaut und beinahe vergessen habe, wie sie aus-
sieht. Ich sehe sie mir nun wieder an, ich muß mich wieder mit ihr vertraut machen und befreunden.
Man sieht wohl, daß hier eine ganze Weile nur provisorisch
gelebt und nicht richtig gewohnt worden ist. Es hängen
oben in den Stubenecken, überm alten Spiegel, über den
Bücherschränken manche große, mit dunklem Staub gefüllte Spinnweben, die wird man gelegentlich entfernen
müssen. Es liegt Staub auf Tischen und Stühlen, und überall liegen Sachen herum, die irgendeinmal für den Augenblick weggelegt, aber dann nie mehr weggenommen wurden. Es liegen Mappen mit Skizzen und Zeichnungen
herum, und Kartons, und Haufen von Briefschaften, es
stehen Fläschchen mit Leim, mit Zeichentinte, mit Fixa-

tiv herum, leere Zigarrenschachteln, vergessene Schutzkartons von gelesenen Büchern. Erst hinter dieser Schicht von Unordnung erkenne ich allmählich die alte Stube wieder, und die alten Sachen, und alles gewinnt wieder Bedeutung und verlangt Beachtung.

In dunkler Höhe zwischen zwei Fenstern hängt die kleine altitalienische Madonna, die ich einst, vor sehr vielen Jahren, auf einer Reise in Brescia bei einem Trödler gekauft habe, eins der wenigen Stücke, die mich durch lange Zeiten und viele Wechsel meines Lebens begleitet haben. Sie, die alten Bücher und der große Schreibtisch sind die hergebrachten alten Stücke meiner Einrichtung. Die andern Möbel gehören der Hausfrau. Auch sie sind in zehn Jahren mir vertraut geworden, und man sieht ihnen allmählich das Altwerden an. Der kleine Polsterstuhl am Schreibtisch ist durchgesessen, unterm alten grünen Stoff beginnen die Gurte sichtbar zu werden, und das hübsche Kanapee ist auch etwas hart und löcherig geworden. An den Wänden hängen meine Aquarelle, dazwischen ein Kopf von Greco, das schöne Bildnis des jungen Novalis, das Bild des elfjährigen Mozart. Auf dem Bibliotheksschemel steht eine große fatale Kiste mit Zigarren, noch halb voll, es war ein Gelegenheitskauf, und sie bewährten sich nicht, ich bin damit hereingefallen, und sie werden jetzt für den Postboten verwendet, und zuweilen fällt auch einmal ein

Besucher herein, nimmt sich eine davon, zündet sie an und legt sie während der Unterhaltung unauffällig in den Aschenbecher.

Aber es gibt auch hübschere und liebenswertere Dinge in dieser Stube, es hat sich allerlei mit den Jahren angesammelt, was mir wert geworden ist. Ein Fabeltier aus Stoff steht geheimnisvoll auf einem Gesimse, ein Tier, halb Reh, halb Giraffe, mit verlorenem Märchenblick. Es ist ein Werk von Sascha, einer Malerin, sie hatte vor Jahren einmal mit mir zugleich in einer Schweizer Stadt ein Kabinett voll kleiner Arbeiten ausgestellt, und als sich am Schluß der Ausstellung zeigte, daß wir beide nichts verkauft hatten, machten wir wenigstens einen Tausch, sie bekam von mir eine kleine Malerei und ich von ihr die stille schlanke Gazelle, oder das Reh, oder wie man es nun nennen mag; es ist mir sehr lieb, es dient mir seit Jahren als einziges Haustier, ersetzt mir Pferd, Hund und Katze.

Auch aus Indien sind Erinnerungen da, vor allem ein kleiner, grell bemalter Holzgötze und ein winziger, flötespielender Krischna aus gelber Bronze, der hat mir an manchem verregneten Winterabend indische Musik gemacht und mir geholfen, die schwierige Außenseite des Lebens nicht ernster zu nehmen, als die flüchtige Erscheinungswelt es verdient. Ferner steht, etwas verborgen, ein merkwürdiges kleines Heiligtum aus Ceylon bei mir, ein sehr altes

Stück, ebenfalls aus Bronze. Es ist ein Eber, und dieser
bronzene Eber tat in dem primitiven Tempelchen, in dem
er einst auf Ceylon stand, denselben Dienst wie im Alten
Testament der Sündenbock. In diesen Eber wurden die
Sünden, Krankheiten und bösen Dämonen der Gemeinde
gebannt, einmal im Jahr. Er trägt den Fluch vieler mit
sich, er wurde für viele geopfert. Ich denke, wenn ich ihn
betrachte, nicht viel an Indien und an alte Kulte, er ist mir
nicht eine Kuriosität, sondern ein Symbol, er ist für mich
ein Bruder von uns Gezeichneten, von den paar Sehern,
Narren, Dichtern, die in ihrer Seele stigmatisiert sind und
den Fluch eines Zeitalters tragen, während die Zeitgenos-
sen tanzen und Zeitungen lesen. Auch der Eber ist mir ein
liebes Stück.

Auf dem zerlegenen Kanapee liegen viele Kissen, und eins
von ihnen gehört auch zu den Dingen, die mir lieb sind.
Da ist auf schwarzem Grund ein hellfarbiges Bild gestickt:
Tamino und Pamina, wie sie durch die Flammen der Feuer-
probe gehen, Tamino hält sich schlank und hoch und hat
die Zauberflöte am Munde. Eine Frau hat es gestickt, die
mich einst liebte, und wie mir ihr schönes Kissen mit dem
holden Sinnbild geblieben ist und viel bedeutet, so möge
auch ihr von mir irgendein kleiner Besitz in der Seele geblieben sein!

Von den Dingen, die mir erst in neuester Zeit zugekommen sind, schätze ich besonders eine schöne gläserne Vase in alter Kelchform, ein Geschenk meiner Freundin. Meistens stehen in diesem durchsichtigen Kelch ein paar einzelne Blumen, Zinnien oder Nelken, oder kleine sanfte Feldblumen. Als ich den Kelch zum erstenmal sah und geschenkt bekam, stand ein Strauß von hellblauem Rittersporn in ihm, ich habe ihn noch wohl im Gedächtnis, so luftig und unirdisch stand das Blau über dem blanken Glase. Damals war strahlender Sommer, und man ging abends den Wäldern entlang neben den Weinbergen, die kaum verblüht waren, und blau wie der Rittersporn hing der Sommerhimmel über uns.

Es wird zu kalt, und der Regen nimmt zu. Es regnet in die Blumen, in die blauen Trauben, in die verfärbten Wälder. Ich muß auf den Estrich steigen und den Petrolofen suchen und vor diesem garstigen kleinen Götzen niederknien und ihm schöntun, damit er vielleicht wieder brennt und warm gibt. Die kleine Blumenvase ist leer. O wie blau und sommerlich waren einst ihre Blumen!

(1928)

Trunken sitz ich des Nachts im durchwehten Gehölz,
An den singenden Zweigen hat Herbst genagt;
Murmelnd läuft in den Keller,
Meine leere Flasche zu füllen, der Wirt.

Morgen, morgen haut mir der bleiche Tod
Seine klirrende Sense ins rote Fleisch,
Lange schon auf der Lauer
Weiß ich ihn liegen, den grimmen Feind.

Ihn zu höhnen, sing ich die halbe Nacht,
Lalle mein trunkenes Lied in den müden Wald;
Seiner Drohung zu lachen
Ist meines Liedes und meines Trinkens Sinn.

Vieles tat und erlitt ich, Wandrer auf langem Weg,
Nun am Abend sitz ich, trinke und warte bang,
Bis die blitzende Sichel
Mir das Haupt vom zuckenden Herzen trennt.

Ein unsicherer, windiger Tag, mit flüchtigen Sonnenblitzen. Ich fuhr Buochs gegenüber am Bürgenstock hin. Jenseits glomm der See gegen das Ufer hin unzähligemal in einer seltsamen, feinen, kühlen Farbenflucht auf, ganz wie blanker Stahl im Verkühlen: rotblau, rotbraun, gelb, weiß.

Von halber Höhe des Bürgenstocks drang Geläute von Kuhglocken herab. Die schönen, welligen Matten standen lichtgrün in den blassen Himmel und zeigten jenen unsäglichen, traurig-kühlen herbstlichen Ton, den man nie entstehen sieht und der jedes Jahr wieder in irgendeiner Stunde plötzlich da ist und uns erinnert, wie uns der Name eines lieben Toten erinnert – an den großen Wechsel, an die Unsicherheit des Grundes, auf dem wir bauen, an den Tod, an die unzähligen mühsamen Wege, die wir unnützerweise gegangen sind.

Ich ruderte aus, um die Tönungen der Wellen im Buochser See zu betrachten, um mein Gedächtnis mit dem Bild einiger Farbenvermischungen, einiger Lichtbrechungen, einiger Silbertöne zu bereichern. Ich ruderte aus, kühl, fröhlich und elastisch, einen Reim im Ohr, einen Vers auf den Lippen, um die Schönheit auf einigen mir noch fremden Wegen, in einigen neuen Spielen zu belauschen – und endete damit, diese Herbstmatten zu finden, die ersten

dieses Jahres, diese unabweislichen, zarten, traurigen Bo-
ten.

Ich wendete mich um und ließ das Auge lang auf dem bewegten, frischen Wasser ruhen, ich beobachtete in der Luft gegen Brunnen und an der Wand des Oberbauen einen einzelnen Sonnenstrahl; aber mein Gedanke verfolgte ihn nicht mit seinem rastlosen, elastischen Eindringen. Nur mein Auge sah die blaßgoldenen Reflexe zittern und verleuchten, mein Gedanke nahm nicht teil, er verweilte hinter mir, über dem steilen Walde, auf jenen bleichgrünen Matten. – Herbst!

Und ich besann mich, ob ich auf dem rechten Wege sei, ob mein rastloser Lauf mich meinem Sterne nähere oder entführe, ob er mich jemals in geistige Höhen führen könne, in welchen dieser Herbst und diese Traurigkeit mich nicht mehr würden berühren können.

Hier gab es in meinem Nachsinnen einen Moment, in welchem ich, hätte ich es in meiner Macht gehabt, den ganzen Schleier des äußeren Lebens von mir gelegt und alle Fäden der Lust, der Liebe, der Trauer, des Heimwehs und der Erinnerung abgeschnitten hätte. Ein Höhepunkt, ein kurzes, ruhiges Atemholen auf hohen Gipfeln: hinter mir alle Beziehungen des Menschlichen, vor mir die leichte, kühle Weite der Schönheit des Absoluten, des Unpersönlichen. Ein Augenblick – ein Atemzug!

Die Glockenlaute schwankten herab, ich schloß die Augen und sank und sank von der Höhe. Eine schwere, körperhafte Trauer bekam Gewalt über mich. Ich wollte entrinnen, mein Gedanke bäumte sich noch einmal wie ein mißhandeltes Roß, aber ich unterlag. Und jene schwere, müde Traurigkeit überwältigte mich, beugte mich tiefer und tiefer, löschte alle Sterne aus, quälte mich und feierte alle schmachvollen Triumphe eines grausamen Siegers.

Klar und nahe, wie durch eine plötzlich zerrissene Hülle, lag der helle Garten meiner frühesten Erinnerungen vor meinem Auge. Und meine Eltern. Und meine Knabenzeit, meine ersten Liebeszeiten, meine Jugendfreundschaften. In dieser bedrückten Stunde redeten sie alle eine so traurig-fremde, schöne Sprache, so heimwehmachend und so ernsthaft fragend wie die Züge von Toten, denen wir Tränen nicht getrocknet und Wohltaten nicht erwidert haben. Ich wies sie von mir, und sie gingen, eine tote Gegenwart hinterlassend.

Zugleich mit dem lastenden, schwächenden Herbstgefühl stieg eine peinigende Abschiedsstimmung in mir auf. Ich sah hinter den wenigen noch freien, einsamen Ruhetagen die Stadt und das wiederbeginnende aufreibende Leben auf mich warten, die vielen Menschen, die vielen Bücher, die unzähligen Nötigungen zur Lüge, Selbstbetrug und Zeitverderb. Und plötzlich brannte meine ganze Jugend

in schmerzlicher Lebenslust in mir auf, ich warf mich in
die Ruder, kreuzte auf der großen Bucht umher, kehrte
um den Vorsprung des Bürgenstocks zurück, bis an die
Matt, bis nach Weggis. Die notwendige Ermüdung sättig-
te mich nicht, gierig und verzweifelnd erfüllte mich ein
klaffendes Ungenügen, eine Lust, alle Freiheit und Kraft
meines Lebens in eine einzige Stunde gedrängt jäh und
lachend zu vergeuden. Der See war mir zu schal, die Berge zu grau, der Himmel zu niedrig. In Weggis nahm ich
ein Bad und schwamm in den See hinein, drängte mich
mit beiden Armen in das Wasser, tief atmend. Müde geworden legte ich mich auf den Rücken, ganz langsam
schwimmend, und hing mit wartenden Augen am Himmel, unbefriedigt, überdrüssig. Ich hätte mein Leben für
das Gefühl der Fülle und des Genusses gegeben, nach
dem ich dürstete.

Und dann schwamm ich zurück und bestieg das Boot
wieder mit der ganzen dumpfen Trauer des Herbstes, des
Abschieds und der inneren Ungewißheit.

Seither bin ich ruhiger geworden. Mein Prinzip hat ge-
siegt, ich genieße nun diese Trauer und Hoffnungslosigkeit,
wie ich mich gewöhnt habe, auch schlechtes Wetter zu
genießen. Sie hat ihre eigene Süßigkeit. Ich unterrede mich
mit ihr und spiele auf ihr, wie ein Sänger auf einer schwarzen in Moll gestimmten Harfe spielt. Was will ich im

Grunde anderes von jedem Tag als eine Stimmung, eine
ihm eigentümliche Farbe und, wenn es glückt, ein Lied?

(Aus: »Hinterlassene Schriften und Gedichte von
Hermann Lauscher«, 1900)

/ ÄHREN IM STURM /

O wie der Sturm so dunkel braust!
Wir neigen ängstlich und zerzaust
Uns tief vor seiner schauerlichen Macht
Und bleiben zitternd wach die ganze Nacht.

Wenn wir morgen noch leben werden,
O wie wird dann der Himmel tagen
Und warme Luft und Geläut von Herden
Selige Wellen über uns schlagen!

// STURM

Am verstürmten Himmel trieben zerfaserte Wolkenbänder,
grau und lila, und ein heftiger Wind empfing mich, als ich
am nächsten Vormittag nicht zu früh meine Weiterreise
antrat. Bald war ich oben auf dem Hügelkamm und sah

das Städtchen, das Schloß, die Kirche und den kleinen
Bootshafen eng und spielzeughaft am Gestade unter mir
liegen. Schnurrige Geschichten aus der Zeit meines früheren Hierseins fielen mir ein und machten mich lachen.
Das konnte ich brauchen, denn je näher ich dem Ziel meiner Wanderung rückte, desto befangener und schwüler
wurde mir, ohne daß ich es mir gestehen mochte, das
Herz.

Das Gehen in der kühlen sausenden Luft tat mir wohl.
Ich hörte dem ungestümen Wind zu und sah im Vorwärts-
schreiten auf dem Gratsteig mit aufregender Wonne die
Landschaft weiter und gewaltiger werden. Von Nordost
her hellte der Himmel auf, dorthinüber war die Aussicht
frei und zeigte lange, bläuliche Gebirgszüge in großartiger
Ordnung aufgebaut.

Der Wind nahm zu, je höher ich kam. Er sang herbstlich
toll, mit Stöhnen und mit Lachen, fabelhafte Leidenschaf-
ten andeutend, neben denen unsere nur Kindereien wären.
Er schrie mir niegehörte, urweltliche Worte ins Ohr, wie
Namen alter Götter. Er strich über den ganzen Himmel
hinweg die irrenden Wolkentrümmer zu parallelen Streifen aus, in deren Linie etwas widerwillig Gebändigtes lag
und unter welchen die Berge sich zu bücken schienen.

Dem Brausen der Lüfte und dem Anblick der weiten
Bergländer wich die leise Befangenheit und Bänglichkeit

meiner Seele. Daß ich einem Wiedersehen mit meiner
Jugendzeit und einem Kreise noch ungewisser Erregungen
entgegenging, war nicht mehr so wichtig und beherr-
schend, seit Weg und Wetter mir lebendig geworden waren.

Bald nach Mittag stand ich ausruhend auf dem höchsten
Punkte des Höhenweges, und mein Blick flog suchend
und bestürzt über das ungeheuer ausgebreitete Land hinweg. Grüne Berge standen da und weiter entfernt blaue
Waldberge und gelbe Felsberge, tausendfach gefaltete Hü-
gelgelände, dahinter das Hochgebirg mit jähen Steinzak-
ken und bleichen Schneepyramiden. Zu Füßen in seiner
ganzen Fläche der große See, meerblau mit weißen Wellen-
schäumen, zwei vereinzelte flüchtige Segel darauf, geduckt
hingleitend, an den grün und braunen Ufern lodernd gelbe Weinberge, farbige Wälder, blanke Landstraßen, Bauern-
dörfer in Obstbäumen, kahlere Fischerdörfer, hell und
dunkel getürmte Städte. Über alles weg bräunliche Wolken fegend, dazwischen Stücke eines tief klaren, grünblau
und opalfarben durchleuchteten Himmels, Sonnenstrah-
len fächerförmig aufs Gewölk gemalt. Alles bewegt, auch
die Bergreihen wie hinflutend und die ungleich beleuch-
teten Alpengipfel jäh, unstet und springend.

Mit dem Sturm- und Wolkentreiben flog auch mein
Fühlen und Begehren ungestüm und fiebernd über die

Weite, ferne Schneezacken umarmend und flüchtig in hellgrünen Seebuchten rastend. Alte, betörende Wandergefüh-
le liefen wechselnd und farbig wie Wolkenschatten über
meine Seele, Empfindung der Trauer über Versäumtes,
Kürze des Lebens und Fülle der Welt, Heimatlosigkeit und
Heimatsuchen, wechselnd mit einem hinströmenden Gefühl der völligen Loslösung von Raum und Zeit. Langsam
verrannen die Wogen, sangen und schäumten nicht mehr,
und mein Herz wurde still und ruhte unbewegt, wie ein
Vogel in großen Höhen.

Da sah ich mit Lächeln und wiederkehrender Wärme
Straßenkrümmen, Waldkuppen und Kirchtürme der ver-
trauten Nähe; das Land meiner schönen Jünglingsjahre
blickte mich unverändert mit den alten Augen an. Wie
ein Soldat auf seiner Landkarte den Feldzug von damals
aufsucht und überliest, von Rührung so sehr wie vom
Gefühl der Geborgenheit erwärmt, las ich in der herbst-
farbenen Landschaft die Geschichte vieler wundervoller
Torheiten und die schon fast zur Sage verklärte Geschichte
einer gewesenen Liebe.

(Aus: »Eine Fußreise im Herbst«, 1906)

Vor mir her getrieben
Weht ein welkes Blatt.
Wandern, Jungsein und Lieben
Seine Zeit und sein Ende hat.

Das Blatt irrt ohne Gleise
Wohin der Wind es will,
Hält erst in Wald und Moder still …
Wohin geht *meine* Reise?

/ HERBSTGERUCH /

Wieder hat ein Sommer uns verlassen,
Starb dahin in einem Spätgewitter.
Regen rauscht geduldig, und im nassen
Walde duftet es so bang und bitter.

Herbstzeitlose starrt im Grase bläßlich
Und der Pilze wucherndes Gedränge.
Unser Tal, noch gestern unermeßlich
Weit und licht, verhüllt sich und wird enge.

Enge wird und duftet bang und bitter
Diese Welt, dem Lichte abgewendet.
Rüsten wir uns auf das Spätgewitter,
Das des Lebens Sommertraum beendet!

/ / Ah, da rieche ich etwas, das Freude macht. Ein feuchter, dicklicher, fettlicher, etwas dumpfer Geruch zeigt mir Pilze an, Steinpilze, die man hier nicht allzu häufig findet, denn auch der Tessiner ißt Steinpilze sehr gern (im Risotto schmecken sie wunderbar) und sucht sie mit Eifer. Eben habe ich einen angetroffen, der schlich gespannt und lauernd wie ein Jäger an mir vorbei durchs Gehölz, den Blick scharf am Boden, in der Hand eine leichte schlanke Gerte, mit der er an jeder Stelle, die ihm etwas zu versprechen scheint, das dürre Laub beiseite fegt. Aber diesen hübschen Steinpilz hier mit dem kräftigen dicken Kopf hat er also nicht gefunden, der gehört mir; heute abend wird er gegessen.

(Aus: »Herbst – Natur und Literatur«, 1926)

/ / Es fiel mir der glänzende Herbsttag wieder ein, an dem des Dachtelbauers Turmfalk aus der Remise durchgegangen war. Der beschnittene Flügel war ihm gewachsen, das

messingene Fußkettlein hatte er durchgerieben und den
engen finsteren Schuppen verlassen. Jetzt saß er dem Haus
gegenüber ruhig auf einem Apfelbaum, und wohl ein
Dutzend Leute stand auf der Straße davor, schaute hinauf
und redete und machte Vorschläge. Da war uns Buben
sonderbar beklommen zumute, dem Brosi und mir, wie
wir mit allen anderen Leuten dastanden und den Vogel
anschauten, der still im Baume saß und scharf und kühn
herabäugte. »Der kommt nicht wieder«, rief einer. Aber
der Knecht Gottlob sagte: »Fliegen, wann er noch könnt,
dann wär er schon lang über Berg und Tal.« Der Falk pro-
bierte, ohne den Ast mit den Krallen loszulassen, mehr-
mals seine großen Flügel; wir waren schrecklich aufgeregt,
und ich wußte selber nicht, was mich mehr freuen würde,
wenn man ihn finge oder wenn er davonkäme. Schließlich
wurde vom Gottlob eine Leiter angelegt, der Dachtelbauer
stieg selber hinauf und streckte die Hand nach seinem
Falken aus. Da ließ der Vogel den Ast fahren und fing an,
stark mit den Flügeln zu flattern. Da schlug uns Knaben
das Herz so laut, daß wir kaum atmen konnten; wir starr-
ten bezaubert auf den schönen, flügelschlagenden Vogel,
und dann kam der herrliche Augenblick, daß der Falke
ein paar große Stöße tat, und wie er sah, daß er noch fliegen konnte, stieg er langsam und stolz in großen Kreisen
höher und höher in die Luft, bis er so klein wie eine Feld-

lerche war und still im flimmernden Himmel verschwand. Wir aber, als die Leute schon lang verlaufen waren, standen noch immer da, hatten die Köpfe nach oben gestreckt und suchten den ganzen Himmel ab, und da tat der Brosi plötzlich einen hohen Freudensatz in die Luft und schrie dem Vogel nach: »Flieg du, flieg du, jetzt bist du wieder frei.«

(Aus: »Aus Kinderzeiten«, 1903)

/ HERBST /
(1919)

Ihr Vögel im Gesträuch,
Wie flattert euer Gesang
Den bräunenden Wald entlang –
Ihr Vögel, sputet euch!

Bald kommt der Wind, der weht,
Bald kommt der Tod, der mäht,
Bald kommt das graue Gespenst und lacht,
Daß uns das Herz erfriert
Und der Garten all seine Pracht
Und das Leben all seinen Glanz verliert.

Liebe Vögel im Laub,
Liebe Brüderlein,
Lasset uns singen und fröhlich sein,
Bald sind wir Staub.

// Abschied war es, Herbst war es, Schicksal war es, wonach die Sommerrose so reif und voll geduftet hatte.

(Aus: »Der Steppenwolf«, 1927)

/ HERBSTREGEN /

Das lieb ich, wenn draußen der Regen
Durch triefende Bäume fegt,
Wenn der Wind mit peitschenden Schlägen
Durch verwehte Herbstgärten fegt.

Ich liebe die schweren Nächte,
Wenn über der dunklen Welt
Einer schwarzen Nachtgöttin Rechte
Das Füllhorn der Träume hält.

Wenn ein leises, schwankes Singen
Wie ein verschämtes Gebet
Von den zukünftigsten Dingen
Durch meine Seele geht.

Dann mag der Alltag bringen
Seine düsteren Sorgen herein; –
Ich will ihn zwingen, zwingen
Und frei und Sieger sein.

// Es regnet ganz gewaltig, und gegenüber scheint eine
Dachrinne sich verstopft zu haben, dort fällt aus schöner
Höhe ohne Unterbrechung ein kleiner eifriger Wasserfall
auf den gepflasterten Platz hinunter. An solchen Dachwas-
serfällen haben wir als Kinder verbotenerweise die Regen-
schirme unserer Mütter und Tanten ausprobiert, es war
ein hübsches Spiel.
Im Fenster lehnend, wo es bei besserem Wetter um diese
Stunde Sperlinge und Buchfinken zu füttern gäbe, sehe
ich dem endlosen Sichergießen der himmlischen Wasser
zu. Ich denke mir: wenn es nun so weiter regnen würde,
heute und morgen und übermorgen, tagelang, wochenlang, monatelang immer weiter und weiter – was würde
da werden? Da würde auf den Straßen eine angenehme

Ruhe entstehen, die Automobile würden wegbleiben, mitten auf den lebensgefährlichsten Fahrdämmen würden die
Regenmolche quaddeln. Es blieben dann allmählich auch
die Eisenbahnen aus, und die Post, denn die Geleise wären überschwemmt und die meisten Tunnels würden ein-
sinken und herunterbröckeln. Und zuletzt würde das Meer
steigen, langsam steigen, und würde von der Küste aus
sich das Land erobern. Es wäre schad um manches Fi-
scherdorf, gewiß, und um manchen edlen Olivenbaum,
der sich grau und wehend übers blaue Wasser beugt. Aber,
so denke ich mir in meiner verregneten sonntäglichen Trägheit, es brauchte das Meer nur um wenige Dutzend Meter
zu steigen, dann wäre alles das ausgelöscht und ersäuft,
was den Lärm und Unfrieden in die Welt bringt. Es liegen nahezu sämtliche Weltstädte nur in sehr kleiner Erhö-
hung über dem Meere, und wenn es zwanzig Jahre regnen
müßte, damit der Jura und der Schwarzwald oder gar die
Alpen ersäuft würden, so würde es für New York, London,
Berlin usw. unendlich viel weniger Zeit brauchen. Wie
sehr schade es darum sein würde, ist ja nicht auszudenken.
Aber an einem Regentag mit diesem Gedanken zu spielen,
ist merkwürdig befriedigend.

(Aus: »Verregneter Sonntag«, 1928)

O Regen, Regen im Herbst,
Grau verschleierte Berge,
Bäume mit müde sinkendem Spätlaub!
Durch beschlagene Fenster blickt
Abschiedsschwer das krankende Jahr.
Fröstelnd im triefenden Mantel
Gehst du hinaus. Am Waldrand
Tappt aus entfärbtem Laub
Kröte und Salamander trunken,
Und die Wege hinab
Rinnt und gurgelt unendlich Gewässer,
Bleibt im Grase beim Feigenbaum
In geduldigen Teichen stehn.
Und vom Kirchturm im Tale
Tropfen zögernde müde
Glockentöne für einen vom Dorf,
Den sie begraben.

Du aber traure, Lieber,
Nicht dem begrabenen Nachbarn,
Nicht dem Sommerglück länger nach
Noch den Festen der Jugend!
Alles dauert in frommer Erinnerung,

Bleibt im Wort, im Bild, im Liede bewahrt,
Ewig bereit zur Feier der Rückkehr
Im erneuten, im edlern Gewand.
Hilf bewahren du, hilf verwandeln,
Und es geht dir die Blume
Gläubiger Freude im Herzen auf.

// TESSINER HERBSTTAG

In manchen Jahren kann sich unser Tessiner Sommer
nicht zum Abschiednehmen entschließen. Während er
sonst, in heißen und gewittrigen Jahren, oft zu Ende des
August oder zu Anfang des September plötzlich in einem
mehrtägigen, wilden Gewitter mit Wolkenbrüchen sich
austobt und dann plötzlich gebrochen und alt ist und sich
matt und verlegen verliert, hält er sich in diesen anderen
Jahren viele Wochen lang immer und immer wieder, ohne Gewitter, ohne Regen, freundlich, still, ein Stifterscher
Nachsommer, ganz blau und gold, ganz Frieden und Milde, unterbrochen nur zuweilen vom Föhn, der dann ein,
zwei Tage lang an den Bäumen rüttelt und die Kastanien
in den grünen Stachelhülsen vorzeitig herunterwirft und
das Blau noch etwas blauer, das helle warme Violett der
Berge noch etwas lichter, die Durchsichtigkeit der glasigen

Luft noch um einen Grad klarer macht. Langsam, langsam und auf viele Wochen verteilt, färben sich die Blätter, wird die Rebe gelb und braun oder purpurn, der Kirschbaum scharlachrot, der Maulbeerbaum goldgelb, und im bläulich dunklen Laub der vielen Akazien flimmern die verfrüht vergilbten ovalen Blättchen wie versprengte Sternfunken.

Viele Jahre lang, zwölf Jahre lang habe ich diese Spätsommer und Herbste hier miterlebt, als Wanderer, als stiller Betrachter, als Maler, und wenn die Weinlese begann und zwischen den braungoldenen Weinblättern und schwarzblauen Trauben die roten Kopftücher der Weiber und Jubelschreie der Burschen aufklangen, oder wenn ich an einem windstillen und leicht bedeckten Tage in der weiten Landschaft unseres Seetales überall die kleinen blauen Rauchsäulen der ländlichen Herbstfeuer emporsteigen und die Nähe einhüllend mit der Ferne verbinden sah, dann fühlte ich nicht selten einen Neid und eine Wehmut, wie sie der Wanderer im Herbst und im Altern empfindet, wenn er über die Zäune weg zu den anderen hinüberschaut, den Seßhaften, die ihre Trauben ernten, ihren Wein keltern, ihre Kartoffeln zu Keller bringen, ihre Töchter verheiraten, ihre kleinen launigen Gartenfeuerchen brennen lassen und die ersten Kastanien vom Waldrande darin braten. Merkwürdig schön, beneidenswert und vorbildlich

erscheinen die Bauern und Seßhaften dem Wanderer, wenn es Herbst wird und sie ihre halb festlichen Arbeiten tun, ihre bukolischen und georgischen Bräuche begehen, ihre Lieder singen, ihre Trauben pflücken, ihre Fässer flikken, ihre Unkrautfeuer anzünden, um dabeizustehen, Kastanien zu braten und dem blauen zarten Rauche nachzublicken, wie er langsam sich verspielt und verliert und die allzu klare, glasige Landschaft heimlicher, versteckter, wärmer und versprechender macht. Zu nichts anderem scheinen diese Feld- und Gartenfeuer ja zu brennen. Angeblich dienen sie dazu, die störenden Brombeerpflanzen und das Kartoffelkraut zu vernichten, dem Boden Asche zu geben, die stachligen Kastanienschalen zu verbrennen, die nicht im Grase bleiben dürfen, weil sie für das Vieh gefährlich sind. Aber jeder Bauer, der da irgendwo zwischen den Rebstangen und Maulbeerstämmchen träumerisch sein Feuer schürt, scheint es doch nur zu tun um eben dieser Träumerei willen, dieses kindlich hirtenhaften Müßiggangs, und um das Blau der Ferne mit den gelben, roten, braunen Klängen der farbigen Nähe zarter, inniger und musikalischer zu verbinden durch den träumerisch und launisch hinschleichenden Rauch, der um diese Jahreszeit tage- und wochenlang vom Morgen bis zum rosigen Abend unsere farbige Landschaft erfüllen und verschleiern hilft.

Oft hatte ich dem Rauche und den beim Feuer hockenden
Männern und Buben zugesehen, wie sie ihre letzten Feld-
arbeiten träg und lässig besorgten mit einer Sattheit und
leisen Schläfrigkeit, die mich an die Bewegungen der
Schlangen und der Eidechsen, und auch der Insekten er-
innerte, welche, wenn es Herbst und kühl zu werden beginnt, so schlafsüchtig und leise taumelnd, so langsam und
gelassen ihre gewohnten Gänge und Arbeiten verrichten,
satt vom Sommer, müde von der Sonne, gewillt zu Ruhe
und Winter, zu Schlaf und Dämmerung. Und immer hatte
ich sie ein wenig beneidet, den Kuhhirten Felice und den
reichen Bauern Franchini, den man »il barone« (sprich:
barong) nennt, die Kastanienbrater an den Feldfeuern, wie
sie herumstehen und mit rauchenden Gerten den Braten
aus der Glut hervorkitzeln, die singenden Kinder, die schläfrig über die Blumen kriechenden Bienen, die ganze friede-
volle, zur Winterruhe bereite, problemlose, angstlose, einfache und gesunde Welt der Natur und des primitiven,
bäurischen Menschenlebens. Ich hatte Gründe für meinen Neid, denn ich kannte das vegetative Glück dieser
Hingabe an Feldfeuerchen und herbstliche Trägheit recht
wohl; ich hatte selber einst manche Jahre meinen Garten
bestellt, und meine eigenen Feuerchen brennen gehabt,
und immer um diese herbstliche Zeit tat es mir leid darum, und sah ich das Verlorene im verklärenden Licht

eines nicht verzehrenden, aber doch tiefen Heimwehs. Irgendwo heimisch zu sein, ein Stückchen Land zu lieben und zu bebauen, nicht bloß zu betrachten und zu malen, teilzuhaben am bescheidenen Glück der Bauern und Hirten, am vergilischen, in zweitausend Jahren unveränderten Rhythmus des ländlichen Kalenders, das schien mir ein schönes, zu beneidendes Los, obwohl ich selbst es einstmals gekostet und erfahren hatte, daß es nicht genüge, um mich glücklich zu machen.

Und siehe, dies holde Los war mir jetzt noch einmal zugedacht, es war mir in den Schoß gefallen, wie eine reife Kastanie dem Wanderer auf den Hut fällt, er braucht sie nur zu öffnen und zu essen. Ich war, wider alles Erwarten, noch einmal seßhaft geworden und besaß, nicht als Eigentum, aber doch als lebenslänglicher Pächter, ein Stück Land! Eben erst hatten wir unser Haus darauf gebaut und waren eingezogen, und jetzt begann für mich, aus vielen Erinnerungen her vertraut, noch einmal ein Stückchen bäuerlichen Lebens. Ich hatte es damit nicht mehr leidenschaftlich und heftig im Sinn, ich würde es mehr läßlich betreiben, mehr die Muße suchen als die Arbeit, mehr am blauen Herbstfeuer-Rauche träumen als Wälder roden und Pflanzungen anlegen. Immerhin, ich hatte eine schöne Weißdornhecke gepflanzt, und Sträucher und Bäume, und viele Blumen, und jetzt brachte ich diese

Spätsommer- und Herbsttage, die unvergleichlichen, beinahe ganz im Gras und Garten hin, mit kleinen Arbeiten,
mit dem Schneiden der jungen Hecke, dem Vorbereiten
eines Gemüsegartens für den Frühling, dem Säubern der
Wege, dem Reinigen der Quelle – und bei allen diesen
kleinen Arbeiten hatte ich ein Feuer auf der Erde brennen,
ein Feuer aus Unkraut, aus dürrem Gezweig und Dör-
nicht, aus grünen oder braunwelken Kastanienschalen.
Zuweilen im Leben, mag es im übrigen sein, wie es wolle,
trifft doch etwas wie Glück ein, etwas wie Erfüllung und
Sättigung. Gut vielleicht, daß es nie lange währen darf. Für
den Augenblick schmeckt es wundervoll, das Gefühl der
Seßhaftigkeit, des Heimathabens, das Gefühl der Freund-
schaft mit Blumen, Bäumen, Erde, Quelle, das Gefühl der
Verantwortlichkeit für ein Stückchen Erde, für fünfzig Bäume, für ein paar Beete Blumen, für Feigen und Pfirsi-
che.
Jeden Morgen lese ich vor dem Atelierfenster ein paar
Hände voll Feigen auf und esse davon, dann hole ich Strohhut, Gartenkorb, Hacke, Rechen, Heckenschere und be-
gebe mich ins herbstliche Gelände. Ich stehe an der Hek-
ke, befreie sie aus dem meterhohen Unkraut, das sie
bedrängt, häufe in großen Haufen die Winden und den
Knöterich, den Schachtelhalm und den Wegerich, ent-
zünde ein Feuerchen am Boden, nähre es mit etwas Holz,

decke es mit etwas Grünem, daß es langsam schmore, sehe den blauen Rauch sanft und stetig wie eine Quelle fluten und zwischen den goldenen Maulbeerkronen hinüber ins Blau des Sees, der Berge und des Himmels schwimmen. Es kommt allerlei nachbarliches, vertrauliches Geräusch zu mir von meinen Mitbauern, es stehen am Wasser meiner Quelle zwei alte Weiber und waschen Wäsche, und schwatzen, und beteuern ihre Erzählungen mit schönen Redewendungen, mit »magari« und »santo cielo!«. Es kommt vom Tal herauf ein hübscher barfüßiger Knabe, das ist Tullio, Alfredos Sohn, ich erinnere mich an das Jahr seiner Geburt, ich war damals schon Montagnolese, jetzt ist er elf Jahre alt. Sein violettes zerwaschenes Hemdchen steht schön vor der Seebläue, er bringt vier graue Kühe mit zur Herbstweide, mit rosigen und flaumigen Mäulern atmen sie prüfend den Streifen Feuerrauch, der ihre Nasen erreicht hat, reiben die Köpfe aneinander oder an den Maulbeerstämmen, traben zwanzig Schritt weit, bleiben vor einer Rebenzeile stehen, werden vom kleinen Hirten ermahnt, wenn sie an den Reben zerren, und läuten im Hinschreiten stetig mit den kleinen Halsglocken. Ich rupfe den Knöterich aus, es tut mir leid um ihn, aber meine Hecke ist mir lieber, und am feuchten Boden tritt allerlei Pflanzentum und Tierleben unter meinen säubernden Händen zutage: eine lichtbraune, schöne

Kröte, sie weicht ein wenig vor meiner Hand zur Seite,
bläht den Hals und schaut mich an, die Augen sind Edel-
steine. Heuschrecken fliegen auf, aschgraue Tiere, die im
Fliegen blaue und ziegelrote Flügel entfalten. Erdbeersträu-
cher wachsen mit winzigen sorgfältig gezahnten Blättern,
und eine davon trägt eine winzige weiße Blüte mit gelbem
Stern. Tullio schaut seinen Kühen zu. Er ist keine Schlaf-
mütze, aber auch er schon in seinem drangvollen Knaben-
frühling spürt die Luft der Jahreszeit, spürt die Sattheit
nach dem Sommer, die Trägheit nach der Ernte, das träu-
merische Ruhebedürfnis, dem Winter entgegen. Er schlen-
dert still und träge, bleibt oft viertelstundenlang regungs-
los, schaut aus den klugen braunen Augen in das blaue
Land, zu den fernen weißleuchtenden Dörfern an den
violetten Berghängen, nagt manchmal eine Weile an einer
rohen Kastanie und wirft sie wieder weg. Endlich legt er
sich nieder ins kurze Gras, zieht eine Weidenflöte heraus,
fängt leise zu blasen an und probiert, was für Melodien
sich auf ihr spielen lassen: sie hat nur zwei Töne. Die
zwei Töne genügen zu vielen Melodien, sie genügen, mit
ihrem Ton von Holz und Rinde, um die blaue Landschaft,
den feurigen Herbst, den schläfrig ziehenden Rauch, die
fernen Dörfer und den matt spiegelnden See zu besingen,
und die Kühe und die Weiber am Brunnen, samt den
braunen Schmetterlingen und den roten Steinnelken.

Auf und ab geht seine Urmelodie, so hat sie schon Vergil gehört und auch schon Homer. Sie dankt den Göttern, sie preist das Land, den herben Apfel, die süße Traube, die kernige Kastanie, sie lobt dankbar das Blau, das Rot und das Gold, die Heiterkeit des Seetales, die Ruhe der fernen hohen Gebirge, und beschreibt und preist ein Leben, von dem die Städter nichts wissen und das weder so roh noch so lieblich ist, wie sie es sich denken, ein Leben, das nicht geistig und nicht heroisch ist, und das doch jeden geistigen und jeden heroischen Menschen im Tiefsten anzieht wie eine verlorene Heimat, denn es ist das Leben der ältesten und langlebigsten Menschengattung, der einfachsten und der frömmsten, das Leben des Landbebauers, ein Leben voll Fleiß und Mühe, aber ohne Hast und ohne eigentliche Sorge, denn sein Grund ist Frömmigkeit, ist Vertrauen zu den Gottheiten der Erde, des Wassers, der Luft, zu den Jahreszeiten, zu den Kräften der Pflanzen und der Tiere. Ich höre dem Liede zu, und decke eine Schicht Laub auf mein herabgebranntes Feuer, und möchte ohne Ende so stehen, so wunschlos und ruhig, und über die goldenen Maulbeerkronen hinweg in die farbenerfüllte, reiche Landschaft blicken, die so beruhigt und so ewig scheint, obwohl sie noch vor kurzem von den glühenden Strömen des Sommers durchwühlt war und bald von den Schneefällen und Stürmen des Winters heimgesucht wird.

(1931)

Leidenschaftlich strömt der Regen,
Schluchzend wirft er sich ins Land,
Bäche gurgeln in den Wegen
Überfülltem See entgegen,
Der noch jüngst so gläsern stand.

Daß wir einmal fröhlich waren
Und die Welt uns selig schien,
War ein Traum. In grauen Haaren
Stehn wir herbstlich und erfahren,
Leiden Krieg und hassen ihn.

Kahlgefegt und ohne Flitter
Liegt die Welt, die einst gelacht;
Durch entlaubter Äste Gitter
Blickt der Winter todesbitter,
Und es greift nach uns die Nacht.

// Es war ein schöner Morgen, die herbstliche Erde und
Luft vom ersten Winterduft gestreift, dessen herbe Klarheit mit dem Steigen des Tages abnahm. Große Starenzüge
strichen in keilförmiger Ordnung mit lautem Schwirren
über die Felder. Im Tale zog langsam die Herde eines Wan-

derschäfers hin, und mit ihrem leichten Staub vermischte sich der dünne blaue Rauch aus des Schäfers Pfeife. Das alles, samt den Bergzügen, farbigen Waldrücken und weidenbestandenen Bachläufen stand in der glasklaren Luft frisch wie ein gemaltes Bild, und die Schönheit der Erde redete ihre leise, sehnsüchtige Sprache, unbekümmert wer sie höre.

Das ist mir immer wieder sonderbar, unbegreiflich und hinreißender als alle Fragen und Taten des Tages und Menschengeistes: wie ein Berg sich in den Himmel reckt und wie die Lüfte lautlos in einem Tale ruhen, wie gelbe Birkenblätter vom Zweige gleiten und Vogelzüge durch die Bläue fahren. Da greift einem das ewig Rätselhafte so beschämend und so süß ans Herz, daß man allen Hochmut ablegt, mit dem man sonst über das Unerklärliche redet, und daß man doch nicht erliegt, sondern alles dankbar annimmt und sich bescheiden und stolz als Gast des Weltalls fühlt.

(Aus: »Eine Fußreise im Herbst«, 1906)

/ / Der Spätherbst ist ein großer Maler. Ich meine nicht die rote und gelbe Pracht, die er vom Oktober übernimmt. Ich meine diese gegen hellsilbergraue Himmel gezeichneten, feinen, kahlen Zweige, diese sammethaften, müden,

grauen Wiesenhänge und diese traurig zärtlichen, scheuen
Sonnenblicke ohne Leuchtkraft, die so leise und gespen-
sterhaft um nebelfeuchte Bäume schleichen und sich so
matt und verloren in den Fensterscheiben brechen. Wie
ist das alles zart und fein und delikat getönt!

(Aus: »Briefe an Elisabeth«, 1901)

/ OKTOBER /
(1908)

In ihrem schönsten Kleide
Stehn alle Bäume gelb und rot,
Sie sterben einen leichten Tod,
Sie wissen nichts von Leide.

Herbst, kühle mir das heiße Herz,
Daß es gelinder schlage
Und still durch goldene Tage
Hinüberspiele winterwärts.

Bäume sind für mich immer die eindringlichsten Prediger gewesen. Ich verehre sie, wenn sie in Völkern und Familien leben, in Wäldern und Hainen. Und noch mehr verehre ich sie, wenn sie einzeln stehen. Sie sind wie Einsame. Nicht wie Einsiedler, welche aus irgendeiner Schwäche sich davongestohlen haben, sondern wie große, vereinsamte Menschen, wie Beethoven und Nietzsche. In ihren Wipfeln rauscht die Welt, ihre Wurzeln ruhen im Unendlichen; allein sie verlieren sich nicht darin, sondern erstreben mit aller Kraft ihres Lebens nur das Eine: ihr eigenes, in ihnen wohnendes Gesetz zu erfüllen, ihre eigene Gestalt auszubauen, sich selbst darzustellen. Nichts ist heiliger, nichts ist vorbildlicher als ein schöner, starker Baum. Wenn ein Baum umgesägt worden ist und seine nackte Todeswunde der Sonne zeigt, dann kann man auf der lichten Scheibe seines Stumpfes und Grabmals seine ganze Geschichte lesen: in den Jahresringen und Verwachsungen steht aller Kampf, alles Leid, alle Krankheit, alles Glück und Gedeihen treu geschrieben, schmale Jahre und üppige Jahre, überstandene Angriffe, überdauerte Stürme. Und jeder Bauernjunge weiß, daß das härteste und edelste Holz die engsten Ringe hat, daß hoch auf Bergen und in immerwährender Gefahr die unzerstörbarsten, kraftvollsten, vorbildlichsten Stämme wachsen.

Bäume sind Heiligtümer. Wer mit ihnen zu sprechen, wer ihnen zuzuhören weiß, der erfährt die Wahrheit. Sie predigen nicht Lehren und Rezepte, sie predigen, um das Einzelne unbekümmert, das Urgesetz des Lebens.

Ein Baum spricht: In mir ist ein Kern, ein Funke, ein Gedanke verborgen, ich bin Leben vom ewigen Leben. Einmalig ist der Versuch und Wurf, den die ewige Mutter mit mir gewagt hat, einmalig ist meine Gestalt und das Geäder meiner Haut, einmalig das kleinste Blätterspiel meines Wipfels und die kleinste Narbe meiner Rinde. Mein Amt ist, im ausgeprägten Einmaligen das Ewige zu gestalten und zu zeigen.

Ein Baum spricht: Meine Kraft ist das Vertrauen. Ich weiß nichts von meinen Vätern, ich weiß nichts von den tausend Kindern, die in jedem Jahr aus mir entstehen. Ich lebe das Geheimnis meines Samens zu Ende, nichts andres ist meine Sorge. Ich vertraue, daß Gott in mir ist. Ich vertraue, daß meine Aufgabe heilig ist. Aus diesem Vertrauen lebe ich.

Wenn wir traurig sind und das Leben nicht mehr gut ertragen können, dann kann ein Baum zu uns sprechen: Sei still! Sei still! Sieh mich an! Leben ist nicht leicht, Leben ist nicht schwer. Das sind Kindergedanken. Laß Gott in dir reden, so schweigen sie. Du bangst, weil dich dein Weg von der Mutter und Heimat wegführt. Aber jeder

Schritt und Tag führt dich neu der Mutter entgegen. Heimat ist nicht da oder dort. Heimat ist in dir innen, oder
nirgends.

Wandersehnsucht reißt mir am Herzen, wenn ich Bäume
höre, die abends im Wind rauschen. Hört man still und
lange zu, so zeigt auch die Wandersehnsucht ihren Kern
und Sinn. Sie ist nicht Fortlaufenwollen vor dem Leide,
wie es schien. Sie ist Sehnsucht nach Heimat, nach Gedächtnis der Mutter, nach neuen Gleichnissen des Lebens.
Sie führt nach Hause. Jeder Weg führt nach Hause, jeder
Schritt ist Geburt, jeder Schritt ist Tod, jedes Grab ist
Mutter.

So rauscht der Baum im Abend, wenn wir Angst vor unsern eigenen Kindergedanken haben. Bäume haben lange
Gedanken, langatmige und ruhige, wie sie ein längeres
Leben haben als wir. Sie sind weiser als wir, solange wir
nicht auf sie hören. Aber wenn wir gelernt haben, die
Bäume anzuhören, dann gewinnt gerade die Kürze und
Schnelligkeit und Kinderhast unserer Gedanken eine Freu-
digkeit ohnegleichen. Wer gelernt hat, Bäumen zuzuhören, begehrt nicht mehr, ein Baum zu sein. Er begehrt
nichts zu sein, als was er ist. Das ist Heimat. Das ist
Glück.

(Aus: » Wanderung«, 1918)

Noch ringt verzweifelt mit den kalten
Oktobernächten um sein grünes Kleid
Mein Baum. Er liebt's, ihm ist es leid,
Er trug es fröhliche Monde lang,
Er möchte es gern behalten.

Und wieder eine Nacht, und wieder
Ein rauher Tag. Der Baum wird matt
Und kämpft nicht mehr und gibt die Glieder
Gelöst dem fremden Willen hin,
Bis der ihn ganz bezwungen hat.

Nun aber lacht er golden rot
Und ruht im Blauen tief beglückt.
Da er sich müd dem Sterben bot,
Hat ihn der Herbst, der milde Herbst
Zu neuer Herrlichkeit geschmückt.

// Die Kindheit fiel um mich her in Trümmer. Die Eltern sahen mich mit einer gewissen Verlegenheit an. Die
Schwestern waren mir ganz fremd geworden. Eine Er-
nüchterung verfälschte und verblaßte mir die gewohnten

Gefühle und Freuden, der Garten war ohne Duft, der
Wald lockte nicht, die Welt stand um mich her wie ein
Ausverkauf alter Sachen, fad und reizlos, die Bücher waren Papier, die Musik war ein Geräusch. So fällt um einen
herbstlichen Baum her das Laub, er fühlt es nicht, Regen
rinnt an ihm herab, oder Sonne, oder Frost, und in ihm
zieht das Leben sich langsam ins Engste und Innerste
zurück. Er stirbt nicht. Er wartet.

(Aus: »Demian«, 1917)

// Wenn man ein Wörterbuch über den Judasbaum be-
fragt, dann erfährt man […] nicht viel Gescheites. Vom
Judas und vom Heiland kein Wort! Dafür steht da, daß
dieser Baum zur Gattung der Leguminosen gehört und
Cercis siliquastrum genannt wird, daß seine Heimat Süd-
europa sei und daß er da und dort als Zierstrauch vorkomme. Man nenne ihn übrigens auch »falsches Johannis-
brot«. Weiß Gott, wie da der echte Judas und der falsche
Johannes durcheinandergeraten sind! Aber wenn ich das
Wort »Zierstrauch« lese, so muß ich lachen, noch mitten
in meinem Jammer. Zierstrauch! Ein Baum war es, ein
Riese von einem Baum, mit einem Stamm so dick, wie
ich es auch in meinen besten Zeiten nie gewesen bin, und
sein Wipfel stieg aus der tiefen Gartenschlucht beinahe

zur Höhe meines Balkönchens herauf, es war ein Pracht-
stück, ein wahrer Mastbaum! Ich hätte nicht unter diesem
Zierstrauch stehen mögen, als er neulich im Sturm zu-
sammenbrach und einstürzte wie ein alter Leuchtturm.
Ohnehin schon war die letzte Zeit nicht sehr zu rühmen.
Der Sommer war plötzlich krank geworden und man
fühlte sein Sterben voraus, und am ersten richtig herbstlichen Regentag mußte ich meinen liebsten Freund (keinen Baum, sondern einen Menschen) zu Grabe tragen,
und seither war ich, bei schon kühlen Nächten und häufi-
gem Regen, nicht mehr richtig warm geworden und trug
mich schon sehr mit Abreisegedanken. Es roch nach Herbst,
nach Untergang, nach Särgen und Grabkränzen.
Und nun kommt da eines Nachts, als späte Nachwehe
irgendwelcher amerikanischer und ozeanischer Orkane,
ein wilder Südsturm geblasen, reißt die Weinberge zusammen, schmeißt Schornsteine um, demoliert mir sogar
meinen kleinen Steinbalkon und nimmt, noch in den
letzten Stunden, auch noch meinen alten Judasbaum mit.
Ich weiß noch, wie ich als Jüngling es liebte, wenn in herrlichen romantischen Erzählungen von Hauff oder Hoff-
mann die Aequinoktialstürme so unheimlich bliesen! Ach,
genauso war es, so schwer, so unheimlich, so wild und
beengend preßte sich der dicke warme Wind, als käme
er aus der Wüste her, in unser friedliches Tal und richtete

da seinen amerikanischen Unfug an. Es war eine häßliche
Nacht, keine Minute Schlaf, außer den kleinen Kindern
hat im ganzen Dorf kein Mensch ein Auge zugetan, und
am Morgen lagen die gebrochenen Ziegel, die zerschla-
genen Fensterscheiben, die geknickten Weinstöcke da. Aber
das Schlimmste, das Unersetzlichste, ist für mich der Judasbaum. Es wird zwar ein junger Bruder nachgepflanzt
werden, dafür ist gesorgt: aber bis er auch nur halb so
stattlich werden wird wie sein Vorgänger, werde ich längst
nicht mehr da sein.

Als ich neulich im fließenden Herbstregen meinen lieben
Freund begraben habe und den Sarg in das nasse Loch verschwinden sah, da gab es einen Trost: er hatte Ruhe gefunden, er war dieser Welt, die es mit ihm nicht gut gemeint
hatte, entrückt, er war aus Kampf und Sorgen heraus an
ein anderes Ufer getreten. Bei dem Judasbaum gibt es diesen Trost nicht. Nur wir armen Menschen können, wenn
einer von uns begraben wird, uns zum schlechten Troste
sagen: »Nun, er hat es gut, er ist im Grunde zu beneiden.«
Bei meinem Judasbaum kann ich das nicht sagen. Er wollte gewiß nicht sterben, er hat bis in sein hohes Alter hinein Jahr für Jahr überschwenglich und prahlend seine
Millionen von strahlenden Blüten getrieben, hat sie froh
und geschäftig in Früchte verwandelt, hat die grünen Scho-
ten der Früchte erst braun, dann purpurn gefärbt und hat

niemals jemand, den er sterben sah, um seinen Tod beneidet. Vermutlich hielt er wenig von uns Menschen. Vielleicht kannte er uns, schon von Judas her. Jetzt liegt seine
riesige Leiche im Garten und hat im Fallen noch ganze
Völker von kleineren und jüngeren Gewächsen zu Tode
gedrückt.

(Aus: »Klage um einen alten Baum«, 1927)

/ AUSFLUG IM HERBST /

Nach Abend wendet
Herbstsonne den Lauf,
Metallen blendet
Der See herauf.

Gipfel im weißen,
Eisigen Glast;
Bergwinde reißen
Das Laub vom Ast.

Die Augen versagen
Vor Wind und Licht,
Aus fernen Tagen
Erinnerung spricht.

Die Wanderfreuden
Der Jugendzeit
Herüberläuten
Von weit, von weit …

// Nun lief er in den Herbstfeldern umher und erlag dem
Einfluß der Jahreszeit. Die Neige des Herbstes, der stille
Blätterfall, das Braunwerden der Wiesen, der dichte Frühnebel, das reife, müde Sterbenwollen der Vegetation trieb
ihn, wie alle Kranken, in schwere, hoffnungslose Stimmun-
gen und traurige Gedanken. Er fühlte den Wunsch, mit
zu vergehen, mit einzuschlafen, mit zu sterben, und litt
darunter, daß seine Jugend dem widersprach und mit
stiller Zähigkeit am Leben hing.
Er schaute den Bäumen zu, wie sie gelb wurden, braun
wurden, kahl wurden, und dem milchweißen Nebel, der
aus den Wäldern rauchte, und den Gärten, in welchen
nach der letzten Obstlese das Leben erlosch und niemand
mehr nach den farbig verblühenden Astern sah, und dem
Flusse, in welchem Bad und Fischerei ein Ende hatten, der
mit dürren Blättern bedeckt war und an dessen frostigen
Ufern nur noch die zähen Gerber aushielten. Seit einigen
Tagen führte er Massen von Mosttrebern mit sich, denn
auf den Kelterplätzen und in allen Mühlen war man jetzt

fleißig am Mosten, und in der Stadt zog der Geruch von Obstsaft leise gärend durch alle Gassen.

In der untern Mühle hatte auch der Schuhmacher Flaig eine kleine Presse gemietet und lud Hans zum Mosten ein. Auf dem Vorplatz der Mühle standen große und kleine Mostkeltern, Wagen, Körbe und Säcke voll Obst, Zuber, Bütten, Kübel und Fässer, ganze Berge von braunen Trebern, hölzerne Hebel, Schubkarren, leere Gefährte. Die Keltern arbeiteten, knirschten, quietschten, stöhnten, mekkerten. Die meisten waren grün lackiert, und dies Grün mit dem Braungelb der Treber, den Farben der Äpfelkörbe, dem hellgrünen Fluß, den barfüßigen Kindern und der klaren Herbstsonne zusammen gab jedem, der es sah, einen verlockenden Eindruck von Freude, Lebenslust und Überfluß. Das Knirschen der zermalmten Äpfel klang herb und appetitreizend; wer herzukam und es hörte, mußte schnell einen Apfel in die Faust nehmen und anbeißen. Aus den Röhren floß in dickem Strahl der süße junge Most, rotgelb und in der Sonne lachend; wer herzukam und es ansah, mußte um ein Glas bitten und schnell eine Probe kosten, dann blieb er stehen, bekam feuchte Augen und fühlte einen Strom von Süßigkeit und Wohlbehagen durch sich hindurchgehen. Und dieser süße Most erfüllte die Luft weiterum mit seinem frohen, starken, köstlichen Geruch. Dieser Duft ist eigentlich das Feinste vom gan-

zen Jahr, der Inbegriff von Reife und Ernte, und es ist gut,
ihn so vor dem nahen Winter einzusaugen, denn dabei
erinnert man sich mit Dankbarkeit an eine Menge von
guten, wunderbaren Dingen; an sanfte Maienregen, rau-
schende Sommerregen, kühlen Herbstmorgentau, an zärtlichen Frühlingssonnenschein und glastend heißen Som-
merbrand, an die weiß und rosenrot leuchtende Blüte
und an den reifen, rotbraunen Glanz der Obstbäume vor
der Ernte und zwischenein an alles Schöne und Freudige,
was so ein Jahreslauf mitgebracht hat.

(Aus: »Unterm Rad«, 1903)

// Stille, schläfernde Tage! Blätterfall und Nachtstürme
sind vorüber, es ist noch einmal sonnig geworden. Der
Himmel hat ein lindes, lichtes Blau und wesenlos dünne,
lang wie Herbstfäden hingezogene Streifen weißer und vio-
letter Wolken. In den Spitzen der hohen Pappeln wehen
noch letzte goldgelbe Blätter, und im Walde ist das Moos
noch grün und weich unter dem feuchten, braunroten
Laub. Alle Farben sind milder und klingen inniger zusammen. Wohin die Sonne scheint, ist alles noch einmal lebendig, schön und der Liebe wert. Der Herbst war reich,
Feldfrucht und Wein und Obst in Fülle; nun liegt im
klaren Lichte der entlastete Boden weit und ruhend, das

größer und freier gewordene Land verglüht in zarten Farben, dehnt sich weich und atmet Erlösung.

Vielleicht wird nun auch mein unzufriedenes und begehrliches Herz leichter tragen, leichter entsagen, leichter Erlösung, Herbst und Ruhe finden. Ich wünsche es und wünsche es nicht. Süß und begehrenswert ist der Friede, süßer und im Kern köstlicher ist der Sturm.

(Aus: »Gertrud«, erste Fassung, 1906/07)

/ WELKES BLATT /

Jede Blüte will zur Frucht,
Jeder Morgen Abend werden,
Ewiges ist nicht auf Erden
Als der Wandel, als die Flucht.

Auch der schönste Sommer will
Einmal Herbst und Welke spüren.
Halte, Blatt, geduldig still,
Wenn der Wind dich will entführen.

Spiel dein Spiel und wehr dich nicht,
Laß es still geschehen.
Laß vom Winde, der dich bricht,
Dich nach Hause wehen.

Herbstregen hat im grauen Wald gewühlt,
Im Morgenwind aufschauert kalt das Tal,
Hart fallen Früchte vom Kastanienbaum
Und bersten auf und lachen feucht und braun.

In meinem Leben hat der Herbst gewühlt,
Zerfetzte Blätter zerrt der Wind davon
Und rüttelt Ast um Ast – wo ist die Frucht?

Ich blühte Liebe, und die Frucht war Leid.
Ich blühte Glaube, und die Frucht war Haß.
An meinen dürren Ästen reißt der Wind,
Ich lach ihn aus, noch halt ich Stürmen stand.

Was ist mir Frucht? Was ist mir Ziel! – Ich blühte,
Und Blühen war mein Ziel. Nun welk ich,
Und Welken ist mein Ziel, nichts andres,
Kurz sind die Ziele, die das Herz sich steckt.

Gott lebt in mir, Gott stirbt in mir, Gott leidet
In meiner Brust, das ist mir Ziel genug.
Weg oder Irrweg, Blüte oder Frucht,
Ist alles eins, sind alles Namen nur.

Im Morgenwind aufschauert kalt das Tal,
Hart fallen Früchte vom Kastanienbaum
Und lachen hart und hell. Ich lache mit.

// HERBSTNÄCHTE

O Spätherbstnächte! Es ist schon seit Stunden dunkel, drüben über dem See liegen die Hügeldörfer mit roten Fenstern, eines vom andern und jedes von mir durch Regen, Wolken, Sturm und Finsternis getrennt. Sie glänzen herüber und verschwinden, je nachdem der Sturm die niedrig hängenden Wolken treibt. Von diesen Dörfern ist mir jedes bekannt und lieb, jedes ein Freund und eine Erinnerung. Dort ein Sonntag mit Freunden vertrunken! Dort ein Regennachmittag im Gespräch mit Wirtin und Wirtskindern hinter beschlagenen Fenstern verdämmert! Dort ein Abend, feucht und blau, am Rand der Weinberge verträumt, mit aufblinkenden Sternen, herüberwehender Dorfmusik und leisem Rauch aus abendblassen Kaminen, der hinter den schwarzen Kronen von Pappeln und Obstbäumen aufstieg!

Der Ofen, längst erloschen, wärmt noch gelinde, im Bratloch schläft die Katze, erwacht zuweilen für Minuten und fängt zu schnurren an. An den Wänden stehen mit tau-

send breiten und schmalen Rücken meine Bücher. Und sooft ich ans Fenster gehe und an den feuchten Scheiben
wische, liegen jenseits überm See die Dörfer mit leis glühenden Fenstern an den Hügeln, jedes eine Erinnerung.
Und auf der Welt kein Laut, als der Pendelschlag der
Kuckucksuhr, das feine Tropfen am Fenster und hie und
da das zarte, schläfernde Schnurren der Katze. Ich spiele,
wie man es an diesen langen Abenden gerne tut, mit Erinnerungen, alten Briefen und Tagebüchern und Gedichten, die ich als Knabe und als Jüngling schrieb. – Wie
anders man damals war! Ich lese:

»– es ist seit jener Nacht, daß ich vom Leben weiß, daß es
wie die Bewegung eines Schläfers, den ein Traum erregt,
wie das Aufwallen einer kleinen Woge, wie das Lallen eines
Halbwachen, und daß es kaum wert ist, gelebt zu werden.« Und:

»Wie schön du warst, wenn du dein feines, tröstendes Frau-
engesicht über meine fiebernden Augen beugtest! Wenn
du mit mir der Erinnerung eines alten Liedes lauschtest,
still, vorgebeugt, das tiefe Auge in die Nacht gewendet,
die helle, vergeistigte Stirn von einer losen Locke märchen-
blonden Haares überhangen. Wenn du das Auge senktest
und schweigend meine Hand mit deiner weißen Linken
suchtest. – Wie schön du warst!«

Das schrieb ich, als ich wenig über zwanzig Jahre alt war;

ich schrieb es an Spätherbstabenden und hatte das Gefühl, ich nehme mit diesen Worten Abschied von meiner Jugend. Es ging mir schlecht, ich erlebte nichts als Enttäuschungen, und nachts saß ich in meiner Mansarde wach und schrieb traurige Gedichte, ohne zu wissen, daß ich gerade in dieser Schwermut eine der süßesten Jugendwonnen durchgenoß. Nun klingt mir alles, was ich damals schrieb, so wunderlich, ein wenig lächerlich vielleicht, und doch so süß und wohllaut, wie nichts seither mehr in mir klang. – »Wie schön du warst!«

Da stehen meine Bücher, mehr als tausend, alle in sauren Hungerjahren langsam zusammengespart, ein schöner Schatz mit vielen Perlen drin. Sie stehen auf guten, festen Brettern und liegen nicht mehr wie früher am Boden und auf dem Bett und Sofa herum. An den Wänden hängen ein paar gute Bilder, und der große Ofen brennt, so lang ich will, ich brauche die Scheite nicht mehr zu zählen und zu sparen. Sogar ein Fäßchen Wein liegt im Keller, mit einem freundlichen Hahnen im Spundloch, und in der alten Zinnschachtel liegt beständig Tabak genug. Es geht mir also gut, sehr gut; selbst meine Katze wird fett, sie bekommt Milch, so viel sie mag.

Aber seit die Wälder rot sind und der See im Herbststurm blitzt und laubgrün und meerblau wird, seit die Ofenbehaglichkeit anfing und ich mein Segel vom Strand geholt und unter Dach gebracht habe, befällt mich öfters ein Zorn über dies bequeme Hinleben. Wenn ich abends beim Dunkelwerden zum Strand hinuntergehe, rauschen an der Schifflände die Pappeln stark und zart, der feuchte Wind umarmt mich schnell, springt auf den See und fährt stöhnend über das bewegte Wasser hin. Dann tut mir die Seele im Leibe weh, daß ich kein Einsamer und Wanderer mehr bin, und ich gäbe mein bißchen Haus und Glück gern für einen alten Hut und Ranzen, um noch einmal die Welt zu grüßen und mein Heimweh über Wasser und Land zu tragen.

Und gestern, ich war allein noch wach im Haus, schlug mir der Wind so dringlich ans Fenster und über dem Kapellenturm flogen die Wolken so eilig und begierig durch die Nacht, daß ich nicht länger sitzen bleiben konnte. So nahm ich leise Mantel, Hut und Stock und ging hinaus. Da schrie der Sturm in der Höhe, unten schlug im Dunkeln der unruhige See, im ganzen Dorfe war kein Fenster mehr hell, und nur am Ufer schritt unwillig der Grenzwächter auf und ab, tief in den dicken Mantel gehüllt und mit aufgestelltem Kragen. Und als ich auf die erste Höhe kam, da lag weithin schwarzes Land und Wasser, See, dahinter der bleich scheinende Himmel gespannt, an dem die schweren Wolken stürmten. Die langen Bergzüge bückten sich im Schlaf und streckten da und dort fahle

Traumhörner gegen den Himmel. Das ging wie eine brei-
te heftige Woge über mein Herz, als bräche meine ganze
Jünglingszeit mit aller Freiheit und Macht auf mich herein, höbe mich vom Boden und risse mich in unerhörte
Weiten mit. O, du Wald, du stiller schwarzer Wald, und
du Seeweite und du schlafende Insel im Wasser! O, ihr
fernen Berge! Unvermerkt fiel ich in meinen Wanderschritt,
als ob es in alle Fernen ginge, und die von der Nacht ver-
hüllte Gegend lag als ein Märchenland verschwiegen um
mich her. Bis nach einer Stunde der erste Kreuzweg kam.
An diesem stand ich lachend still und dachte an mein
Weib und an mein Haus, auch fiel mir ein, daß ich beim
stürmischen Fortgehen die Lampe nicht gelöscht hatte.
Die schien nun weiter, solange das Öl es vermochte, über
die gelben Seiten eines alten Büchleins, über Tisch und
Wände und durch die Scheiben ins schlafende Dorf
hinaus.

Nun wußte ich wohl, daß ich morgen zurück sein müsse,
und mein heißes Wandergefühl fing langsam an, geringere
Wellen zu schlagen. Aber die schöne Nacht war mein und
ich wollte sie nicht von mir weisen, wie sie wartend vor
mir lag. Und wie ich erwägend am Kreuzweg zögerte, begann ein starkes Heimweh mich zu ziehen. Hinter Wald
und weiten Hügelwiesen wußte ich eine alte Stadt mit
runden Türmen liegen, nach der es mich schon lang

gelüstete. Ich hatte aber in all der Zeit noch nie gewagt, einmal hinüber zu wandern, denn es lag dort ein Stück schöner Jugend von mir und lauerte auf meine Wiederkunft, um mich mit Heimweh zu überfallen. Jetzt in der Nacht schien mir die Stunde gut. Ich ging den schönen, bergigen Weg durch Wald und Matten, ich saß eine Weile und rastete vor dem Tor der Stadt, hörte dem Brunnen zu, nahm einen kühlen Schluck von ihm und lief wieder weg und heim, noch ehe die Morgenhelle kam und die wohlbekannten Häuser aus der schönen schlummernden Dämmerung weckte. Da war mir fast, als hätte ich eine Tat getan.

Auf dem Heimweg war mir sonderbar zumut, indem ich an vergangene Jahre dachte und an die alte Stadt mit den runden Türmen und an das, was ich dort einst erlebt hatte. Nichts zum Erzählen. Eine Liebesgeschichte, einfach und schön, aber nicht frei von Schuld, und ihr Schatten hat mir ganze Jahre verdeckt. Nun schritt ich träumend durch die schwarze Nachtwelt, meinem Dorf entgegen, hoch am Hügel hin über dem finsteren See. Und allmählich liefen meine halbwachen Gedanken weiter und ich dachte an alle die Frauenbilder, vor denen ich in Jünglingsjahren gekniet war, bereit, ihnen mein Liebstes und Bestes zu schenken, nur um näher ans Innere des Lebens zu kommen, nur um eine Antwort zu finden auf die

dunkel in mir fragenden Stimmen. Und wie haben alle diese Versuche, diese ersten Flüge ins Land der Liebe, geendet! Alle ohne die rechte Antwort, alle unfroh und unerlöst, und die meisten nicht ohne Reue und Schuldgefühl!

Und von fast allen meinen Freunden wußte ich dasselbe und sah es an Fremden täglich. Es stirbt ja kaum einer daran. Wir werden älter, werden Männer, tun den Kranz aus den Haaren und finden unsere Ruhe. Aber wie ist es mit jenen Frauen, mit den Mädchen, um die wir einst so sehnsüchtige Irrgänge taten, die uns den ersten Morgenglanz der Liebe schenkten? Was fühlen sie, wenn wir von ihnen gehen? Und was fühlen sie, wenn sie am Ende einer an hohen Träumen reichen Jugendzeit dem Letzten Ja sagen und die Hand geben? Wir Männer, wir treiben hundert Dinge, wir schaffen und forschen und arbeiten, wir haben Amt und Beruf und Schaffensfreuden – aber was haben sie, die Frauen, die nur in Liebe leben, nur auf Liebe hoffen können? Wie selten geschieht es, daß ihnen jener Letzte auch nur einen Teil von dem zu geben hat, was ihnen die Ersten, die Jünglinge und schüchtern-kühnen Anbeter versprochen, vorgedichtet und vorgelogen haben!

Der Sturm lief mich lärmend an und warf mir Regen und harte, welke Blätter ins Gesicht. Vorwärtskämpfend, gab ich den Klagen Abschied und ließ die ungelösten Rätsel hinter mir liegen. Ich dachte daran, was wir alle einst als Knaben, als kühne, freche Knaben, vom Leben als unser gutes Recht erhofften. Und wie verzweifelt wenig davon wahr geworden ist! Und doch ist das Leben gut, und ist schön, und rührt uns jeden Tag mit heiligen Kräften ans Herz. Vielleicht geht es auch den armen Frauen mit der Liebe so. Man erzählte ihnen von Märchenwäldern und mondbeglänzten Gärten, und sie finden nachher ein rauhes Stück Land, wo statt Rosen geringe Kräuter wachsen. Von denen binden sie sich einen Strauß, stellen ihn ins Fenster, und wenn abends das Dunkel die Farben auslöscht und der singende Wind aus der Ferne her kommt, liebkosen sie ihren Strauß und lächeln, und es ist, als wären es Rosen und als wäre das Ackerland draußen ein Märchengarten.

Genug, genug! Was brennt die Lampe noch? In meinen Jugendgedichten kann ich morgen weiterlesen, dann ist meine Frau dabei und liest mit, und wenn mir wieder solche Fragen und Sorgen kommen, wird sie auch dafür eine Antwort wissen.

(1904)

Der Herbst ist jetzt gekommen,
Wir liegen am Kamin
Und sehen rot erglommen
Die frohen Funken ziehn.

Sie tanzen mit Gefunkel
Und wenn sie müde sind,
Vergehen sie im Dunkel,
In Wolken, Nacht und Wind.

Wir aber schaun und schweigen
Und unsre Flamme kracht,
Und tausend Funken steigen
In einem stillen Reigen
Frohlockend in die Nacht.

/ SPÄTHERBST /

Jetzt steht der ganze Garten leer,
Das Obst ist eingetan,
Spätrosen scheinen müde her,
Die sonst so farbig sahn.

Und bald, und bald wird auch bei mir
Der Herbst und Winter stehn:
So viele Tage blühten dir,
Nun laß die Ernte sehn!

Dann steh ich arm und weiß nicht mehr,
Wofür mein Herz geglüht,
Kaum daß darin noch ungefähr
Ein spätes Röslein blüht.

Das reiß ich ab und trags am Hut,
Der Weg ist nimmer weit,
Und nehme seine kleine Glut
Mit in die Dunkelheit.

// Gestern war ein fremder Herr bei mir, der machte mich
darauf aufmerksam, daß im nächsten Jahr mein fünfzig-
ster Geburtstag sei; darum sei er gekommen, um sich von
mir allerlei aus meinem Leben erzählen zu lassen, für einen
Gratulationsartikel, den er dann schreiben werde. Diesem
Herrn sagte ich, es sei rührend von ihm, daß er sich so
viel Mühe um mich gebe, ich hätte aber nichts zu erzählen,
und daß er mich auf dies Jubiläum aufmerksam mache,
sei gerade so nett, wie wenn zu einem Sterbenden ein

fremder Herr käme, ihn auf die Nähe seines Ablebens aufmerksam machte und ihm den Katalog einer bestempfohlenen Sargfabrik in die Hand drückte. Den fremden Herrn bin ich losgeworden, den üblen Geschmack auf der Zunge nicht. Es ist Herbst, es riecht nach Welke, nach grauem Haar, nach Jubiläen, nach Friedhof.

(Aus: »Herbst – Natur und Literatur«, 1926)

/ VERGÄNGLICHKEIT /

Vom Baum des Lebens fällt
Mir Blatt um Blatt,
O taumelbunte Welt,
Wie machst du satt,
Wie machst du satt und müd,
Wie machst du trunken!
Was heut noch glüht,
Ist bald versunken.
Bald klirrt der Wind
Über mein braunes Grab,
Über das kleine Kind
Beugt sich die Mutter herab.
Ihre Augen will ich wiedersehn,
Ihr Blick ist mein Stern,

Alles andre mag gehn und verwehn,
Alles stirbt, alles stirbt gern.
Nur die ewige Mutter bleibt,
Von der wir kamen,
Ihr spielender Finger schreibt
In die flüchtige Luft unsre Namen.

/ WIDMUNGSVERSE ZU EINEM GEDICHTBUCH /

I

Ist's auch nicht mehr Überschwang,
Tönt auch herbstlich schon der Reigen,
Dennoch wollen wir nicht schweigen:
Spät erklingt, was früh erklang.

II

Viele Verse hab ich geschrieben,
Wenig sind übriggeblieben,
Sind noch immer mein Spiel und Traum
Herbstwind schüttelt die Äste,
Farbig zum Erntefeste
Wehen die Blätter vom Lebensbaum.

III

Blätter wehen vom Baume,
Lieder vom Lebenstraume
Wehen spielend dahin;
Vieles ist untergegangen,
Seit wir zuerst sie sangen,
Zärtliche Melodien.
Sterblich sind auch die Lieder,
Keines tönt ewig wieder,
Alle verweht der Wind:
Blumen und Schmetterlinge,
Die unvergänglicher Dinge
Flüchtiges Gleichnis sind.

// Es ist eine Sauarbeit, so im Spätherbst täglich ein halb
Dutzend Bücher zu erhalten, die man alle lesen sollte, und
dabei ist die Arbeit doch recht undankbar, so daß ich
mich oft frage, zu was ich eigentlich immer mit Augenweh
und Überarbeitung herumlaufe, da ich niemand damit
viel nütze und nicht einmal etwas damit verdiene. Sobald
ich einen guten jüngern Stellvertreter finde und nament-
lich sobald ich meiner selbst gewiß bin, daß ich die ge-
wonnene Freiheit nicht doch gleich wieder irgendwie

erwürge und verkaufe – dann werfe ich den Kram weg.
Aber zunächst bin ich noch nicht so weit; ich bin im ganzen noch so durstig und wenig befriedigt von meinem
Leben, daß ich, neben vielem Reisen, immer auch noch
das Opiat einer angestrengten Arbeit brauche. Aber die
Bücher sind mir nun bald so über, daß ich wohl doch
nimmer lang fortmache.

(Aus einem Brief an Wilhelm Frick, 20. November 1910)

/ NOVEMBER 1914 /

Wald läßt die Blätter sinken,
Talnebel hängen schwer,
Es hat der Strom kein Blinken,
Der Wald kein Rauschen mehr.

Da kommt der Sturm gepfiffen
Und schüttelt lichtes Haar
Und fegt mit festen Griffen
Das Land vom Nebel klar.

Er schont nicht Laub nicht Äste,
Nichts Hübsches ist ihm wert,
Der Vogel bangt im Neste,
Der Bauer friert am Herd.

Räum auf und brich in Scherben,
Was nimmer halten mag,
Und reiß aus Nacht und Sterben
Empor den lichten Tag!

/ / Lieber Freund!

Ihr Referent liegt wieder einmal in einem Hotelzimmer und bekommt Schleimsuppe ans Bett gebracht, aber natürlich liegt der Nachttisch voll von Büchern, und der andre Tisch auch, und im Koffer sind auch noch welche. Man kann wieder Freude an ihnen haben, sie sehen nicht mehr so hoffnungslos aus wie in der Nachkriegszeit. Die Annäherung an den englischen Buch-Typus hat noch weitere Fortschritte gemacht, man liebt schmale Bände, die sich zur Not in der Manteltasche mitnehmen lassen, die dicken Wälzer sucht man durch Dünndruckausgaben verdaulich zu machen. [...] Gern möchte ich einmal von einem Verleger erfahren, woher die seit einigen Jahren aufgetauchte Unsitte kommt, den Titel eines Buches innen im Buch über jeder Seite zu wiederholen. Wohl von Amerika? Es gibt nichts Unnützeres. Gewiß ist ja eine sehr große Zahl von Menschen heute nicht mehr imstande und geistig nicht mehr genügend interessiert, um den Titel eines Buches länger als eine Minute im Gedächtnis

zu behalten. Aber diese Hoffnungslosen lesen ja auch gar
keine Bücher, sie fabrizieren Waren und treiben Sport, und
es ist falsch spekuliert, wenn Bücherverleger auf diese Ärm-
sten im Geist meinen Rücksicht nehmen zu müssen. Jene
paar andern, welche gesonnen sind, ein Buch wirklich zu
lesen – haben sie es wirklich nötig, beim Lesen des Don
Quixote oder des Grünen Heinrich alle zwei Minuten
wieder daran erinnert zu werden, wie das Buch heißt, in
dem sie lesen? […]

Was […] meine eigenen Bücher betrifft, lieber Freund, so
bin ich nach wie vor in meine Spiele verliebt und trage
seit mehr als einem Jahr ein Manuskript mit mir herum,
das mir weit mehr Sorge macht als mein Magen und Darm,
allerdings auch zu Zeiten weit mehr Freude. Und wenn
ich aufsein kann, und der Herbsttag nicht gar zu trüb ist,
mache ich meinen Farbkasten auf, fülle das Odolglas des
Hotelzimmers mit Wasser, und male und schreibe an meinen Bilderhandschriften. Es ist ein wenig einsam, meine
Freundin reist im fernen Osten herum und schreibt zwar
reizende Briefe – aber nur so von Schleimsuppe und Briefen zu leben, das ist doch nichts für die Dauer. […]

Es kommt jetzt ein hübsches Zöfchen in Schwarz, das
bringt mir Zwieback und Hagebuttentee, und räumt mir
die Bücher vom Nachttisch weg. Und siehe, sie bringt
noch etwas. Sie läuft noch einmal hinaus und kommt zu-

rück mit einem Strauß von großen Chrysanthemen, röt-
lichviolett, der sei für mich abgegeben worden. Sie sind
eigentlich zu feierlich und dekorativ, scheint mir, für Kran-
kenzimmerblumen. Man sollte, um ihnen gerecht zu werden, eigentlich sterben und sie sich dann auf das Bett le-
gen lassen. Sie sind so würdig und haben so große, schwere
Krausköpfe. Nun ja, mit den Sommerblumen ist es zu Ende. Trinken wir unsern Tee und suchen wir zu schlafen.

(Aus: »Offener Brief an einen Bücherleser«, Dresdner
neueste Nachrichten, 7. November 1928)

// Lege deinen blonden Kopf an meine Schulter, meine
arme Muse! Ich sehe wohl auf deiner schönen Stirne diese leisen, schwermütigen Linien, ich sehe wohl beim Beu-
gen deines Halses diese müde, kranke Bewegung, und
ich vermag auch wohl in dem feinen, feinen Aderspiel
deiner klaren, weißen Schläfe zu lesen.
Komm, weine nur! Das ist Herbst, das ist die letzte zit-
ternde Mahnung der unaufhaltsamen Jugendflucht. Du
kannst sie auch in meinen Augen lesen, auch auf meiner
Stirn und auf meinen Händen steht sie geschrieben, tiefer
als auf deinen, und auch in mir ruft dieses reinigende,
schluchzende Wehgefühl: es ist zu früh, es ist zu früh!
Komm, weine nur! Wir sind noch nicht am Ende, wenn
wir noch weiter weinen können. Wir wollen diese Tränen

und diese Trauer mit aller eifersüchtigen Sorge unserer Liebe bewachen. Vielleicht steht hinter diesen Tränen unser Kleinod, unsere Poesie, unser großes Lied, auf das wir warten.

(Aus: »Hinterlassene Schriften und Gedichte von Hermann Lauscher«, 1900)

/ NOVEMBER /
(1921)

Alles will sich nun verhüllen und entfärben,
Nebeltage brüten Angst und Sorgen,
Nach der Nacht voll Sturm klirrt Eis am Morgen,
Abschied weint, die Welt ist voll von Sterben.

Sterben lern auch du und dich ergeben,
Sterbenkönnen ist ein heiliges Wissen.
Sei bereit zum Tod – und hingerissen
Wirst du eingehn zu erhöhtem Leben!

// Herbstlich ist jeder Rückblick, auf eigenes oder auf fremdes Leben, herbstlich ist alle Geschichte, herbstlich alle Hingabe an die Erinnerung.

(Aus: »Herbstliche Erlebnisse«, 1952)

Immer hin und wider
Strebt der Blütenzweig im Winde,
Immer auf und nieder
Strebt mein Herz gleich einem Kinde
Zwischen hellen, dunklen Tagen,
Zwischen Wollen und Entsagen.

Bis die Blüten sind verweht
Und der Zweig in Früchten steht,
Bis das Herz, der Kindheit satt,
Seine Ruhe hat
Und bekennt: voll Lust und nicht vergebens
War das unruhvolle Spiel des Lebens.

// Er erhob sich, ging zum Fenster und blickte nach oben,
wo zwischen wehenden Wolken überall Streifen eines tief-
klaren Nachthimmels zu sehen waren, voll von Sternen.
Da er nicht sofort zurückkehrte, stand auch der Gast auf
und trat zu ihm ans Fenster. Der Magister stand, nach
oben blickend und mit rhythmischen Atemzügen die
dünnkühle Luft der Herbstnacht genießend. Er wies mit
der Hand zum Himmel.
»Sieh«, sagte er, »diese Wolkenlandschaft mit ihren Him-

melsstreifen! Beim ersten Blick möchte man meinen, die Tiefe sei dort, wo es am dunkelsten ist, aber gleich nimmt man wahr, daß dieses Dunkle und Weiche nur die Wolken sind und daß der Weltraum mit seiner Tiefe erst an den Rändern und Fjorden dieser Wolkengebirge beginnt und ins Unendliche sinkt, darin die Sterne stehen, feierlich und für uns Menschen höchste Sinnbilder der Klarheit und Ordnung. Nicht dort ist die Tiefe der Welt und ihrer Geheimnisse, wo die Wolken und die Schwärze sind, die Tiefe ist im Klaren und Heiteren. Wenn ich dich bitten darf: blicke vor dem Schlafengehen noch eine Weile in diese Buchten und Meerengen mit den vielen Sternen und weise die Gedanken oder Träume nicht ab, die dir dabei etwa kommen. [...] Der Blick in den Sternenhimmel und ein Ohr voll Musik vor dem Zubettgehen, das ist besser als alle deine Schlafmittel.«

(Aus: »Das Glasperlenspiel«, 1943)

/ IM NEBEL /

Seltsam, im Nebel zu wandern!
Einsam ist jeder Busch und Stein,
Kein Baum sieht den andern,
Jeder ist allein.

Voll von Freunden war mir die Welt,
Als noch mein Leben licht war;
Nun, da der Nebel fällt,
Ist keiner mehr sichtbar.

Wahrlich, keiner ist weise,
Der nicht das Dunkel kennt,
Das unentrinnbar und leise
Von allen ihn trennt.

Seltsam, im Nebel zu wandern!
Leben ist Einsamsein.
Kein Mensch kennt den andern,
Jeder ist allein.

/ QUELLENANGABEN /

Die Textauszüge wurden der Ausgabe Hermann Hesse, *Sämtliche Werke in zwanzig Bänden und einem Registerband,* herausgegeben von Volker Michels, Suhrkamp Verlag Frankfurt am Main 2000-2007, entnommen.

/ VERZEICHNIS DER AQUARELLE VON
HERMANN HESSE /

Umschlagabbildung: Rebgarten im Dorf (18.8.1922), S. 4: Verso Arasio (16.9.1925), S. 13: Stilleben bei Nacht (Oktober 1935), S. 21: Monti, Madonna del Sasso (12.9.1923), S. 37: Weinreben vor der Casa rossa (Oktober 1931), S. 45: Stuhl mit Büchern (April 1921), S. 57: Dorf über dem See (3.10.1922), S. 69: Goldener Oktober (31.10.1932), S. 81: Blick über den Zaun (Herbst 1931), S. 93: Herbsttag bei Caslano (1920), S. 101: Blick auf Montagnola (16.9.1926), S. 113: Die »Goldwand« bei Baden im Argau (Oktober 1930) © der Aquarelle von Hermann Hesse: Hermann Hesse Editionsarchiv Volker Michels, Offenbach am Main.